WESTEND

W0191530

WOLFGANG KUBICKI

DIE ERDRÜCKTE FREIHEIT

Wie ein Virus unseren Rechtsstaat aushebelt

WESTEND

Mehr über unsere Autoren und Bücher:
www.westendverlag.de

Die Deutsche Nationalbibliothek verzeichnet diese Publikation in der
Deutschen Nationalbibliografie; detaillierte bibliografische Daten sind im
Internet über http://dnb.d-nb.de abrufbar.

ISBN: 978-3-86489-346-9
© Westend Verlag GmbH, Frankfurt/Main 2021
Umschlaggestaltung: Buchgut, Berlin
Satz: Publikations Atelier, Dreieich
Druck und Bindung: CPI – Clausen & Bosse, Leck
Printed in Germany

Inhalt

1 Einleitung

Am 20. April 2021 saß ich im Morgenmagazin des ZDF, um mit dem sozialdemokratischen Gesundheitsexperten Karl Lauterbach zu diskutieren. Es ging um die anstehende Verschärfung des Infektionsschutzgesetzes, die sogenannte »Bundesnotbremse«. Ich erklärte, dass es erhebliche verfassungsrechtliche Bedenken insbesondere gegen die nächtliche Ausgangssperre gebe. Nach meinen Ausführungen wandte sich der Moderator an mich und fragte: »Muss man jetzt nicht vielleicht als Partei der FDP auch sagen: Gut, dann ringen wir uns eben über die verfassungsrechtlichen Bedenken hinweg und sagen: Okay, wir akzeptieren jetzt eine Ausgangsbeschränkung zum Wohle aller?« Nicht selten sah man sich mit dem Gedanken konfrontiert, Verfassungsrecht und Gemeinwohl stünden sich geradezu diametral gegenüber. Die Tatsache, dass es tatsächlich gerade unsere Verfassung ist, die dem Wohle aller dient und die die Grundlage aller Freiheit in unserem Lande bildet, wurde über die vielen Monate der Pandemie zurückgedrängt. Diese kleine Episode hatte mir gezeigt, dass es noch – oder wieder – einen erheblichen Nachholbedarf gab, was die Verbreitung der Idee der Freiheit angeht, und dass es wichtig ist, diese Werte besonders in schweren Zeiten hochzuhalten und wertzuschätzen.

Während der Corona-Krise wurden die massivsten Grundrechtseingriffe seit Gründung der Bundesrepublik vorgenommen. Die Normalität von Freiheit, die die Menschen im Land über Jahrzehnte immer genossen hatten, war von einem Tag auf den anderen verschwunden. Plötzlich wurde über Ausgangssperren, Versammlungsverbote, »Ein-Freund-Regeln« für Kinder, flächendeckende Schulschließungen oder »Corona-Leinen« diskutiert – allesamt Dinge, die wir vor der Pandemie eher im Bereich der Fiktion verortet hätten. Die mentale Erschütterung der Menschen war massiv, die Reaktion des Staates ebenfalls.

Die Krise traf auf einen Staat, der für eine Pandemie schlecht gerüstet war, dem vor allem das digitale Fundament fehlte, um schnell und präzise auf die pandemische Lage zu reagieren. Einen Staat, der es auch nach über einem Jahr nicht schaffte, die Behördenkommunikation auf digitale Füße zu stellen, sondern immer noch dem Faxgerät, also einer Technik aus den 80er Jahren, vertraute. Einen Staat, dessen Bürokratie sich als so schwerfällig erweisen sollte, dass er nicht mehr angemessen mit einer Ausnahmesituation umgehen konnte.

Und die Krise traf auf politische Entscheidungsträger, die dem Wert der Freiheit mit fortschreitendem Verlauf immer weniger Bedeutung beimaßen, je länger die Pandemie dauerte. Es wurde nie erklärt, dass das eigentliche Ziel der freiheitsbeschränkenden Maßnahmen ist, sie selbst schnellstmöglich wieder abzuschaffen. Man konnte den Eindruck gewinnen, die Beendigung des Ausnahmezustandes wurde deshalb nicht mit vollem Enthusiasmus betrieben, weil er eine bequemere Art des Regierens ermöglichte.

In diesem Buch soll es um die Beeinträchtigung der Grundrechte in der Pandemiezeit gehen. Während ich daran schreibe, ist Corona noch nicht bewältigt. Es kann also nicht abschließend sein. Trotzdem möchte ich auf den folgenden Seiten versuchen, anhand von Schlaglichtern aufzuzeigen, dass wir die Freiheit, die wir kannten und in der wir lebten, zu sehr für selbstverständlich genommen hatten. Und dass die Gefahren der Freiheitsbeschränkungen in der Pandemie lange Zeit zu leichtfertig hingenommen wurden.

Viele Sätze haben diese Krise geprägt. Jens Spahns: »[…] dass wir nämlich miteinander in ein paar Monaten wahrscheinlich viel werden verzeihen müssen«,[1] war so einer. Einen anderen prägte die Kanzlerin, wörtlich: »Das Virus lässt nicht mit sich verhandeln.«[2] Das war zweifellos richtig. Sie vergaß jedoch häufig auch, dass dies nicht nur für das Virus gilt. Auch mit unserer Verfassung lässt sich nicht verhandeln.

2 Wert der Verfassung und der Grundrechte

Wozu braucht es eigentlich eine Verfassung?

Es gehört gewissermaßen zum Standardrepertoire der Veranstalter von Juristentagungen, die Doppeldeutigkeit des Wortes »Verfassung« in den Titeln aufzugreifen: »Unser Grundgesetz – Noch in guter Verfassung?« heißt es dann, und die Organisatoren freuen sich über den eigenen Geistesblitz. Die Frage nach einer guten Verfassung unserer Verfassung war in den vergangenen Jahrzehnten eher philosophischer Natur. Das Grundgesetz hatte sich seit dem 23. Mai 1949 als stabiler Anker unserer Rechts- und Gesellschaftsordnung erwiesen. Nichts und niemand schienen ihm etwas anhaben zu können. Im Zweifel schritt das Bundesverfassungsgericht ein und verschaffte den Grundrechten die verdiente Geltung. Das Grundgesetz hielt die Bundesrepublik Deutschland gesellschaftlich, politisch und emotional relativ stabil im Lot. Karlsruhe hielt Wache.

Einerseits handelt es sich beim Grundgesetz um das Konzentrat der vorigen verfassungsrechtlichen Entwicklungen. Es flossen die Werte der Aufklärung ein, die Ideen der Freiheitsbewegungen, die Erfahrungen der Paulskirchenverfassung und der Weimarer Reichsverfassung – aber auch die Lehren, die man aus den schrecklichen Grundrechtsmissachtungen des Dritten Reiches zog. Man konnte nach der

Katastrophe des Zweiten Weltkrieges aus einem vollen Erfahrungsschatz schöpfen.

Andererseits war das Grundgesetz aus der Not geboren. Entstanden auf Ruinen, in einem tief verunsicherten Land. Verfasst von Überlebenden der Diktatur, von Verfolgten, Geflüchteten, von ehemaligen KZ-Insassen, von Frauen und Männern, die sich der historischen Bedeutung ihrer Aufgabe bewusst waren. In wenigen Monaten formulierten sie etwas, um das die Bundesrepublik Deutschland später weltweit beneidet werden würde. Und sie schrieben es auch im Geiste derer nieder, die nicht mehr sprechen, nicht mehr mitwirken konnten, weil sie wenige Jahre zuvor der Naziherrschaft zum Opfer gefallen waren. »Die Würde des Menschen ist unantastbar« war als zentraler Leitsatz die unmittelbarste Reminiszenz an die vielen Millionen Opfer der Tyrannei. Er war Gedenken und Auftrag zugleich.

Doch mit Beginn der Corona-Pandemie änderte sich unser Blick auf das Grundgesetz. Jetzt wurde die Frage der Verfassung der Verfassung nicht mehr nur in den wissenschaftlichen Elfenbeintürmen diskutiert. Stattdessen debattierte das ganze Land, weil die Grundrechtseingriffe jede und jeden betrafen. Die einen kümmerte es weniger: Sie arbeiteten weiter wie gehabt, bekamen ihr Geld regelmäßig aufs Konto und konnten in einer großen Wohnung leicht mit den Einschränkungen leben. Andere wurden zwischen Homeoffice und Homeschooling zerrieben, nicht wenige verloren ihre Existenzgrundlage, ihren Traum, ihr Lebenswerk. Hinzu kam: Zahlreiche menschliche Kontakte brachen auseinander. Liebende wurden plötzlich wieder durch Staatsgrenzen getrennt, Kinder durften ihre Freunde nicht mehr sehen und Alte nicht mehr ihre Nächsten. Gleichzeitig starben allein in Deutschland Zehntausende an diesem tückischen Virus, wegen der hohen Ansteckungsgefahr viele einsam und völlig auf sich gestellt. In den Kliniken arbeitete man sich zugrunde, war monatelang auf Anschlag. Das Leid hatte viele Gesichter.

Das Infektionsschutzgesetz, das über lange Zeit ein Eremitendasein fristete, wurde plötzlich zum Taktgeber einer Entwicklung, die die Mütter und Väter des Grundgesetzes sicher nicht im Hinterkopf hatten, als sie seine wichtigsten Rechtssätze schufen. Auf dieser einfachen gesetzlichen Grundlage nahm man die schwersten Grundrechtseingriffe seit Bestehen des Landes vor. Möglich machte dies der Paragraph 28. Dort werden lapidar und im feinsten Juristendeutsch die betroffenen Grundrechte aufgezählt:

> Die Grundrechte der körperlichen Unversehrtheit (Artikel 2 Absatz 2 Satz 1 des Grundgesetzes), der Freiheit der Person (Artikel 2 Absatz 2 Satz 2 des Grundgesetzes), der Versammlungsfreiheit (Artikel 8 des Grundgesetzes), der Freizügigkeit (Artikel 11 Absatz 1 des Grundgesetzes) und der Unverletzlichkeit der Wohnung (Artikel 13 Absatz 1 des Grundgesetzes) werden insoweit eingeschränkt.

Das klingt einfach. Die Exekutive bekam mit der Epidemie eine enorme Verantwortung übertragen, die selbstverständlich einherging mit einer nicht minder großen Entscheidungsgewalt. In Folge kam es zu inakzeptablen Überschreitungen, zu unerlaubten Kompetenzaneignungen und zu Amtsanmaßungen. Doch dazu später mehr.

Besorgt hat mich, dass der Wert der Verfassung in jenen Tagen nicht mehr erkannt, ja sogar verkannt wurde. Wer auf die wichtigste Rechtsgrundlage als Fundament unserer Gesellschaftsordnung hinweisen wollte, die gerade in Zeiten der Krise ihre stärkste Stunde haben sollte, wurde in der aufgeheizten Situation als Rechtsverdreher, Aluhutträger oder Menschenfeind beschimpft. Es gehe schließlich um

Menschenleben, da seien angeblich rechtsdogmatische Einlassungen nicht nur wenig hilfreich, sondern gar schädlich.

Ein trauriges Beispiel dafür, dass diese Denkweise tief in akademischen Kreisen Widerhall gefunden hatte, konnte man am 23. April 2021 im Deutschlandfunk in der Sendung Lebenszeit hören.[1] Zum Thema »Beschnittene Freiheitsrechte« kam Johannes Leder, ein Persönlichkeitspsychologie von der Universität Bamberg, zu Wort. Wörtlich sagte dieser: »Wenn dann der Jurist kommt und auf die Verfassung verweist, dann muss man fragen: Ist das denn noch angemessen im 21. Jahrhundert, in unserer digitalisierten Welt, in einem Zeitalter der künstlichen Intelligenz?«

Nachdenklich machte mich der Brustton der Überzeugung, mit dem Leder diese Sätze vertrat. Hätte er dieselben Worte gewählt, wenn es um die Aufhebung der verfassungsrechtlich geschützten Wissenschaftsfreiheit gegangen wäre? Hätte er das Gleiche in Bezug auf die Meinungs- und Pressefreiheit oder das Recht auf freie Entfaltung der Persönlichkeit gesagt? Würde er genauso sprechen, wenn die Menschenwürde selbst zur Disposition stünde? Die wichtigste Frage lautet aber: Wenn die Verfassung nicht mehr gelten soll, was gilt stattdessen?

Glücklicherweise kann nicht einmal der Verfassungsgesetzgeber die Menschenwürdegarantie aus Artikel 1 aufheben. Diese unterfällt der sogenannten Ewigkeitsklausel aus Artikel 79 Absatz 3 des Grundgesetzes. Doch offenbarte sich in dieser beispielhaften Äußerung ein großes Problem, das sich durch die gesamte Zeit der Pandemie getragen hat: die Höherstellung einer – sicher gutgemeinten – Moral über das Recht. In der Pandemie müsse es eben auch mal anders gehen, so die Argumentation. Das ist jedoch ebenso falsch wie gefährlich. Eine Verfassung darf man nicht ein- und ausschalten, wie es gerade passt. Sie ist in ihrer vollen Pracht die Garantin für die Wahrung der Menschenwürde und der Freiheit. In jeder Situation. Wird die Verfassung beiseitegeräumt, verfällt diese Garantie.

Es drängt sich die Frage auf, wie es dazu kommen konnte, dass unser Grundgesetz, das das bewusste Gegenbild zur Menschenverachtung des Dritten Reiches zeichnen will und deshalb den Geist der Humanität atmet, plötzlich für inhuman und überholt befunden wurde. Zu erklären ist dies sicherlich mit der weitverbreiteten Angst, die eine große gesellschaftliche – aber auch politische – Rolle in dieser Pandemie gespielt hat. Denn wenn es um Leben und Tod geht, gelte wohl der Satz: »Not kennt kein Gebot.«

Diese angstdominierte Stimmungslage machte es den Verfechtern der Verfassungsordnung lange schwer, mit ihren Argumenten durchzudringen. Hiervon wird später die Rede sein.

Grundrechte als Abwehrrechte gegenüber dem Staat

Nach diesen etwas theoretischen Einstiegsgedanken wenden wir uns nun der Frage zu, was die Grundrechte im praktischen Leben bedeuten. Das Grundgesetz sieht die Menschen nicht als Untertanen, sondern als freie, mündige und selbstbestimmte Bürgerinnen und Bürger. Die Grundrechte sind daher vor allem Abwehrrechte gegenüber dem Staat, der einem mündigen Bürger nicht vorschreiben darf, welche Meinung von der Regierung er haben, in welchem Beruf er arbeiten, an welchem Ort er wohnen oder welche Brotsorte er kaufen soll. Wir haben das Recht auf Renitenz, solange sie sich im zulässigen Rahmen bewegt – doch der ist weit gefasst. Unsere Verfassung gibt uns die Möglichkeit, für eine Sache auf die Straße zu gehen und zu demonstrieren; und die Behörden müssen diese Demonstration im Zweifel auch dann schützen, wenn man gegen den Freiheitsgedanken des Grundgesetzes protestiert oder dort »All cops are bastards« skandiert.

Der Staat schützt unsere Privatsphäre, wahrt die Unverletzlichkeit der Wohnung, achtet auf die Gleichstellung von Männern und Frauen und schützt die Institutionen von Ehe und Familie – verpflichtet die Menschen aber im Gegenzug dankenswerterweise nicht dazu, eine Ehe einzugehen und Kinder zu zeugen. Das Grundgesetz vertraut auf die Eigenverantwortlichkeit der Bürger, und es will – so die ursprüngliche Idee – den Staat nicht als Gouvernante in Erscheinung treten lassen. Behördliche Erziehungsleistungen werden also nicht abgedeckt. Das sogenannte »Nudging«, das staatliche »Anstubsen« zum angeblich »richtigen« Verhalten, für das vor einigen Jahren sogar mehrere Referenten im Kanzleramt eingestellt wurden,[2] sieht unsere Verfassung nicht vor.

Das bedeutet auch, dass der Staat seinen Bürgerinnen und Bürgern keine Befreiung von den allgemeinen Lebensrisiken geben kann. Jeder Mensch hat das Recht auf Unvernunft. Und jeder ist für die Ergebnisse seiner Freiheitsausübung selbst verantwortlich, seien sie schädlich für ihn oder nicht. Wenn sich also jemand dazu entscheidet, morgens, mittags und abends jeweils Hackfleisch und lauwarme Cola mit Brausetabletten als Hauptmahlzeit einzunehmen, darf er das – ohne befürchten zu müssen, dass die Polizei alsbald einrückt, er ein Mahnschreiben vom örtlichen Gesundheitsamt erhält oder ihm ein staatlich geprüfter Ernährungscoach zur Seite gestellt wird.

Ich lege es jeder und jedem ans Herz, sich den Grundrechtskatalog des Grundgesetzes regelmäßig zur Hand zu nehmen. Es sind die schönsten und bedeutendsten Zeilen des Freiheitsgedankens und der Humanität, die unser Rechtssystem zu bieten hat. Es macht mich immer wieder dankbar, in diesem Land leben zu dürfen.

Sicher, es gibt politische Kräfte, die diesem Freiheitsgedanken und dem Prinzip der Eigenverantwortung kritisch gegenüberstehen, die meinen, der Staat habe die Aufgabe, die Menschen im Zweifel vor sich selbst zu schützen. Deshalb sei es notwendig, Ponyreiten,[3] Online-Shopping am Sonntag,[4] Konzerte von missliebigen Bands[5] oder Süßigkeitenwerbung[6] zu verbieten. Dankenswerterweise zerschellen solche sinnbefreiten Forderungen regelmäßig an der verfassungsmäßigen Wirklichkeit.

Der Staatsrechtler Friedhelm Hufen legte in seinem rechtswissenschaftlichen Handbuch über die Grundrechte unmissverständlich dar, dass auch politische Ideen des Kollektivismus, die den Einzelnen nur als Teil eines großen Ganzen sehen, mit unserer Verfassung unvereinbar sind:

> Grundrechte sind – auch wenn sie eine politische Funktion haben – immer und zuallererst eigennützig. Die Grundrechtsträger müssen sich keine Inpflichtnahme für das Gemeinwohl oder die demokratische Grundordnung gefallen lassen.[7]

Wer also die Forderung erhebt, im Sinne der Verhinderung des Klimawandels, der Corona-Bekämpfung oder zur Rettung des gemeinen Mäusebussards müsse man *die eine* Meinung haben, sonst sei man kein respektierter Teil der Gesellschaft mehr, bewegt sich eher in die Richtung autoritärer Staaten als auf dem Boden unserer Werteordnung.

Aufgrund des überragenden Stellenwerts des Individuums müssen Eingriffe in die Grundrechte nicht nur gut begründet werden, sondern sie bedürfen immer einer gesetzlichen Grundlage. Der Bürger darf demnach alles tun, was gesetzlich nicht ausdrücklich verboten ist, der Staat hingegen darf nur tun, was ihm vom Gesetzgeber ausdrücklich erlaubt wurde. Die Maßnahmen haben überdies folgendem Dreiklang zu entsprechen: Sie müssen *geeignet, erforderlich* und *angemessen* sein. Dieser Grundsatz wird später noch von Bedeutung sein.

Die Grundrechte stehen prinzipiell gleichrangig nebeneinander – aber parallel begrenzen sie sich gegenseitig. Einzig Artikel 1 hat hier eine Sonderstellung. In diesem Zusammenhang war die erregte Debatte, die sich im April 2020 um ein Interview von Bundestagspräsident Wolfgang Schäuble drehte, ziemlich absurd. Schäuble erklärte gegenüber dem *Tagesspiegel* zur damaligen Corona-Diskussion Folgendes:

> Aber wenn ich höre, alles andere habe vor dem Schutz von Leben zurückzutreten, dann muss ich sagen: Das ist in dieser Absolutheit nicht richtig. Grundrechte beschränken sich gegenseitig. Wenn es überhaupt einen absoluten Wert in unserem Grundgesetz gibt, dann ist das die Würde des Menschen. Die ist unantastbar. Aber sie schließt nicht aus, dass wir sterben müssen.[8]

Während Deutschland noch in der ersten Corona-Welle steckte, kochten die Emotionen hoch. Der Amtsvorgänger Wolfgang Thierse schaltete sich ein und erklärte empört, Schäubles Herleitung führe am Ende »zu ›Selektion‹ zwischen mehr oder weniger lebenswertem, also schützenswertem Leben«.[9] Die italienische Zeitung *Il Giornale* urteilte, die Menschenwürde, die er im Auge habe, »stellt sich über eine simple Kosten-Nutzen-Rechnung her«. Schäuble sei ein »verdienter Vorkämpfer eines Europa, das mehr ans Geld denkt als daran, was die Würde des Lebens ausmacht«.[10]

Schäubles Aussage war jedoch alles andere als kontrovers. Denn er erklärte lediglich das, was angehende Juristen schon in Grundlagenseminaren mit auf den Weg bekommen. Selbstverständlich gibt es die staatliche Verpflichtung, Leben zu schützen. Im Gegensatz zur Menschenwürdegarantie aus Artikel 1 findet jedoch bei allen anderen Grundrechten immer eine Abwägung statt. Die Bestrafung der Holocaustleugnung zum Beispiel ist ein gesetzlicher Eingriff in das Grundrecht auf Meinungsfreiheit. Und selbst in das Recht auf Leben und körperliche Unversehrtheit darf eingegriffen werden, logischerweise »nur auf Grund eines Gesetzes«, wie es in Artikel 2 Absatz 2 des Grundgesetzes heißt. Anders wäre der sogenannte »finale Rettungsschuss«, der in einigen Bundesländern in die Polizeigesetze aufgenommen wurde, nicht möglich. Auch wenn es irritierend klingt: Die polizeiliche Not-Tötung ist per Definition für den Erschossenen zumindest nicht menschenunwürdig.

Die Beschränkung von Grundrechten

Eingriffe in Grundrechte waren also durchaus schon von den Verfassungsmüttern und -vätern vorgesehen. Mit einer starren Auslegung, die jedes Grundrecht für unantastbar erklärt, wäre ein Gemeinwesen auch gar nicht vernünftig zu organisieren. Kollidierten dann zwei Grundrechte, ließe sich dieser Konflikt nicht vernünftig lösen.

Bei der Beschneidung aus religiösen Gründen etwa kollidieren die Glaubensfreiheit aus Artikel 4 und das Recht auf körperliche Unversehrtheit aus Artikel 2 Absatz 2. Der Gesetzgeber löste diese Spannung erst im Dezember 2012 auf, indem er entschied, dass eine Beschneidung bei minderjährigen Jungen grundsätzlich zulässig ist.

Es gibt jedoch auch Grundrechte, bei denen die Interessen ihrer Träger in Konflikt geraten. Ein Beispiel: In deutschen

Krankenhäusern kommen jedes Jahr 20 000[11] bis 40 000[12] Menschen durch Krankenhauskeime zu Tode. Trotzdem würden wir nie auf die Idee kommen, die Krankenhäuser zu schließen. Das Recht auf Leben und körperliche Unversehrtheit derjenigen, die im Krankenhaus behandelt werden müssen, und derjenigen, die sich dort potenziell tödlich infizieren können, wird in diesem Falle zugunsten Ersterer abgewogen.

Es findet immer eine Abwägung zwischen den einzelnen Grundrechten statt. Unsere Gesellschaft nahm auch schon vor der Corona-Epidemie in Kauf, dass Menschen im Rahmen eines Abwägungsprozesses zwischen staatlicher Schutzpflicht und der gesellschaftlichen Freiheitsausübung gestorben sind, zum Beispiel bei Unfällen oder an bestimmten Krankheiten. Der Staat sollte stets mit Augenmaß handeln – aber selbstverständlich nicht, ohne den grundsätzlichen Freiheitsgedanken aus dem Blick zu verlieren.

Im Rahmen eines solchen Abwägungsprozesses wurde 1976 zum Beispiel die Gurtpflicht eingeführt. Der Freiheitseingriff ist klein, die Schutzwirkung umso größer. Und bei der Bekämpfung von Krankheiten versucht der Bund unter anderem mithilfe der steuermittelfinanzierten Förderung der Gesundheitsforschung seiner Schutzpflicht gerecht zu werden.

Vielleicht klingt es für manche hart, aber es ist ein Preis, den jede Gesellschaft für die Freiheit bezahlt: Der freiheitliche Staat kann nicht verhindern, dass Menschen sterben. »Risiken sind«, wie der Rechtswissenschaftler Uwe Volkmann richtig schrieb, »der Preis der Freiheit; eine Welt ohne Risiko ist eine Welt ohne Freiheit.«[13] Der Staat darf sich deshalb auch nicht zum Schutzpatron aufschwingen, der den Anspruch hat, sämtliche Lebensgefahren beiseitezuräumen. Ebenso kann er nicht verhindern, dass sich Menschen mit einem Virus infizieren. Er kann aber alles dafür tun, dass die Erkrankten in einem funktionierenden Gesundheitssystem bestmöglich versorgt werden.

Ab dem Frühjahr 2020 erschien dieses Bild des Staates, der seine Schutzpflichten, aber auch seine Grenzen kennt, jedoch plötzlich überholt. Auf einmal glaubten viele, die Bundeskanzlerin könne im Rahmen des Bevölkerungsschutzes freihändig über die Zuteilung von gesellschaftlichen und individuellen Freiheiten verfügen. Der Staat müsse in der Pandemie völlige Handlungsfreiheit haben, um das Virus zu bekämpfen, so der Gedanke. Widerspruch sei hierbei lebensbedrohlich.

Diese gefährliche Idee begann mit den schrecklichen Bildern aus Bergamo enorm an Macht zu gewinnen.

3 Der Ausnahmezustand (der Ausnahme bleiben sollte)

In den Anfangstagen der Pandemie gab es im politischen Berlin keine zwei Meinungen. Die Berichte und Bilder von überlaufenden Krankenhäusern und mit Leichen beladenen Armee-Fahrzeugen in Italien ließen für Deutschland Schlimmes erahnen. Gaben sich die Experten um den Charité-Virologen Christian Drosten und RKI-Chef Lothar Wieler in den ersten Wochen des Jahres 2020 noch relativ entspannt – man habe es eher mit einer schweren Grippewelle zu tun, hieß es[1] –, schlug die Risikoeinschätzung Ende Februar und Anfang März in das völlige Gegenteil um.[2] Alle Fraktionen des Deutschen Bundestages stimmten daher am 25. März der Änderung des Infektionsschutzgesetzes im absoluten Schnellverfahren zu. Drei Lesungen an einem Tag. Wer gemeint hatte, der Gesetzgeber könne keine schnellen Entscheidungen treffen, sah sich eines Besseren belehrt.

Ich kann mich gut an die erregten Diskussionen auch im Kreise meiner Fraktion erinnern. Am Abend des 11. März erreichte uns die Nachricht, dass wir einen ersten Corona-Fall in den Reihen der FDP-Abgeordneten hatten. Innerhalb der nächsten drei Tage folgten die Fälle zwei und drei in der Fraktion. Die Einschläge kamen gefühlt immer schneller und näher. Am 22. März erklärte der Regierungssprecher, dass sich die Kanzlerin in Quarantäne begeben musste, weil ihr behandelnder Arzt mit dem Coronavirus infiziert war.

Gerüchte machten dieser Tage die Runde, es werde bald eine komplette Schließung des öffentlichen Lebens verhängt. Das Bundesgesundheitsministerium dementierte zuerst vehement, aber kurz danach kam der Lockdown: Schulen, Kitas, Theater, Museen, Freizeitstätten, Spielplätze und Gotteshäuser wurden geschlossen. Die Dramatik war allerorten greifbar.

Für uns als politische Entscheidungsträger galt erst einmal: retten, was zu retten ist. Danach sehen wir weiter, wenn uns bessere Daten vorliegen. Was uns vorlag, war allerdings äußerst beunruhigend. Es musste also schnell gehandelt werden. Die beschlossenen Maßnahmen gingen weit, sehr weit, und sie gaben der Exekutive entsprechend große Handlungsspielräume.

Dass neue Zeiten angebrochen waren, machte die Bundeskanzlerin in einem bemerkenswerten Fernsehauftritt am 18. März deutlich. Sie umriss hier den Ton der kommenden Monate. Zwar erklärte sie, die nun zu erwartenden Einschränkungen »sollten in einer Demokratie nie leichtfertig und nur temporär beschlossen werden – aber sie sind im Moment unverzichtbar, um Leben zu retten«.[3] Gleichzeitig machte sie jedoch klar, dass sie in der Not das Ruder fest in die Hand nimmt: »Wir werden als Regierung stets neu prüfen, was sich wieder korrigieren lässt, aber auch: was womöglich noch nötig ist.«

Mit diesem letzten Satz war das Parlament bei der Corona-Bekämpfung aus dem Spiel genommen worden. Krisenzeiten seien nun mal Zeiten der Exekutive, so die dahinterstehende Idee. Die Kanzlerin verdeutlichte damit, dass die Bundesregierung für noch unbestimmte Zeit alleine über Freiheiten und Einschränkungen von Grundrechten entscheiden würde. Nicht ein einziges Mal wurde das Parlament in dieser Ansprache überhaupt erwähnt.

Prüfung der Verhältnismäßigkeit? Wird von der Bundesregierung vorgenommen. Ende der Maßnahmen? Mal sehen, bleibt offen. Oppositionsrechte? Egal, alle müssten sich jetzt mit derselben Sache gemein machen. Menschenleben stehen auf dem Spiel.

Um nicht missverstanden zu werden: Auch ich sehe die Notwendigkeit, dass der Exekutive in Krisenzeiten mehr Bedeutung zukommt. Schließlich geht es gerade in der unmittelbaren Not um Entscheidungen, die schnelles und gut abgestimmtes Handeln erfordern. Aber eine faktische Bedeutungsaufwertung der Exekutive heißt nicht, dass parallel das Parlament an Bedeutung verlieren muss. Schon gar nicht, wenn der Zustand länger andauern sollte.

Noch am 24. März, einen Tag vor der Bundestagsbefassung, bat mich ein Journalist des *Handelsblatts* um eine schriftliche Stellungnahme zur Frage, welche Konsequenzen aus dem schnellen politischen Eingreifen zu erwarten sind. Ich schrieb, dass die jetzt beschlossenen Maßnahmen nicht als Freifahrtschein für die Exekutive missverstanden werden sollten. Wörtlich:

Klar ist, das absolute Herunterfahren unserer bisherigen Ordnung, die Grundrechtseinschränkungen sowie das zwangsweise Schließen gesamter Branchen dürfen nur Maßnahmen von kurzer und überschaubarer Dauer sein. Wir bewegen uns bei all den bisherigen Maßnahmen der Bundes- und der Landesregierungen an der Grenze zur Unverhältnismäßigkeit und damit Verfassungswidrigkeit. Die Bundes- und Landesregierungen müssen deshalb dringend einen zeitlichen Korridor benennen, wann diese Beschränkungen aufgehoben werden. Dass dieser Zustand aus verfassungsrechtlichen Gründen nicht monatelang aufrechterhalten werden kann, liegt auf der Hand. Im Zweifel wird der Bundestag die Bundesregierung zur Rückkehr zu geordneten freiheitlich-demokratischen Verhältnissen zwingen müssen.

Wir wissen im Nachhinein: Um den Willen der regierungstragenden Fraktionen, wieder zum parlamentarischen Normalzustand zurückzukehren, würde es auch Monate später
kaum besser bestellt sein. Das war zu diesem Zeitpunkt
noch ferne Zukunftsmusik.

In jenem März wurde der emotionale Pflock für ein
Gruppengefühl gesetzt, das die Alternativlosigkeit der Corona-Politik Angela Merkels als alleinige Leitlinie verabso-
lutierte. Viele Journalisten stimmten in den darauffolgenden Wochen in den Chor mit ein.[4] Wer Zweifel hatte und
diese auch aussprach, wurde nicht mehr mit Argumenten
beackert, sondern in diesem enorm emotionalisierten Feld
einfach untergepflügt.

4 Die Beeinflussung der Stimmungslage

Die Verunglimpfung des Widerspruchs

In den Debatten über die Anti-Corona-Maßnahmen stach immer wieder eine Kommunikationsstrategie durch, die auf eine Verächtlichmachung des Widerspruchs hinauslief. Doch Widerspruch ist das Lebenselixier einer offenen und freien Gesellschaft. Ohne ihn gibt es keinen Fortschritt, keine Infragestellung des Bestehenden. Stattdessen drohen gedankliche Stagnation und Rückwärtsgewandtheit. Der Widerspruch hat gleichzeitig etwas Friedensstiftendes, etwas Integratives, denn er ermöglicht, dass sich die Menschen beteiligen, ihren Gedanken, Sorgen und Interessen Luft verschaffen und sich nicht verzweifelt von dem gesellschaftlichen Diskurs abwenden. Wer also Widerspruch per se als spalterisch etikettiert, der wendet sich von einer Grundidee der demokratischen Gesellschaft ab.

Um keine Missverständnisse entstehen zu lassen: Zum Glück darf man in unserer demokratischen Ordnung im Rahmen der Meinungsfreiheit alles sagen, sofern das Gesagte nicht gegen das Gesetz verstößt. Niemand kann uns die Meinung verbieten. Aber im gleichen Zug hat auch niemand ein Recht darauf, dass die eigene Meinung Allgemeingültigkeit besitzt und ohne Widerspruch bleibt. Ein solcher Anspruch wäre geradezu despotisch.

Wie oben bereits angesprochen, ist unserer freiheitlichen Grundordnung ein Kollektivismus fremd. Das Grundgesetz hat sich sehr bewusst von der Idee einer – wie auch immer gearteten – »Volks-« oder »Schicksalsgemeinschaft« distanziert und den freien, mündigen Bürger an dessen Stelle gesetzt. Auch eine Notlage rechtfertigt keine grundsätzliche Abkehr von diesem Prinzip. Denn ansonsten könnte das Fortdauern einer solchen im schlimmsten Fall dazu führen, dass der Widerspruch dauerhaft marginalisiert würde. Leider musste ich lernen, dass nicht alle Beteiligten die freiheitliche Leitidee hinter dem Widerspruch verinnerlicht hatten.

So war das irritierende und desintegrative Wort »Öffnungsdiskussionsorgien«,[1] das die Kanzlerin in einer CDU-Vorstandssitzung im April 2020 fallenließ, kein Einzelfall. Bereits wenige Tage nach dem Inkrafttreten der Infektionsschutzgesetz-Novelle im März 2020 erklärte sie ernst, sie wolle »sehr klar sagen, dass im Augenblick nicht der Zeitpunkt ist, über die Lockerung dieser [einschränkenden] Maßnahmen zu sprechen«.[2] Weniger apodiktisch, aber mit einer ähnlich autoritären Zielrichtung verkündete Peter Altmaier im April 2021, dass »im Juni oder Juli«, also erst zwei Monate später, über »Ausnahmen« für Corona-Geimpfte gesprochen werden könne.[3] Härter, aber für sein wohl gepflegtes »Macher-Image« durchaus passend, meinte der bayerische Ministerpräsident Markus Söder gar, dass Kritiker der Corona-Politik die Pandemiebekämpfung gefährdeten. Wörtlich: »Jeder, der jetzt diese Konzepte ganz bewusst zerredet, darf sich zumindest mit der Frage konfrontiert sehen, ob er das Mitmachen der Bevölkerung stärkt oder das Gegenteil macht.«[4]

»Das Mitmachen stärken« war die wenig verklausulierte Aufforderung zum moralischen und tatsächlichen Gehorsam. Corona ermöglichte offensichtlich vieles. Söder durfte auf diesem Pfad lange sein Unwesen treiben.

Dankenswerterweise eröffnet uns Artikel 5 des Grundgesetzes einen großen Handlungsspielraum, wenn es darum geht, unsere Meinung zu äußern. Weder der bayerische Ministerpräsident noch das mächtige Kanzlerinnenwort oder das Infektionsschutzgesetz können ihn einschränken. Wir sollten jedem Versuch, die Einengung des Meinungskorridors mit moralischen Begrenzungen zu bewirken, entschieden entgegentreten. Das Grundgesetz gestattet uns Renitenz. Und die persönliche Meinung von Angela Merkel wiegt in einer Demokratie nicht schwerer als diejenige von Heinrich Müller-Meisegeier. Sie bekommt meistens nur mehr Publizität.

Etwas anderes ist die Verächtlichmachung der Widersprechenden. Der Tatort-Schauspieler Jan Josef Liefers und seine Mitstreiter bei der Aktion #allesdichtmachen haben zum Beispiel schmerzhaft erfahren müssen, wie sich die künstlerisch ausgedrückte Sorge über die eigene Zukunft plötzlich ins braune Fahrwasser hineinschieben ließ. Die über 50 Videos, die im April 2021 veröffentlicht wurden und satirisch die Politik der Bundesregierung aufs Korn nahmen, habe ich als Ausdruck einer tief empfundenen Aussichts- und Hilflosigkeit von Menschen verstanden, die über ein Jahr schwer unter den Einschränkungen leiden mussten. Viele Künstler sind wegen Corona in Depressionen gerutscht. Einige unter ihnen gingen noch weiter und richteten ihre Ängste gegen sich selbst. Der Regisseur und Drehbuchautor Thomas Bohn hat auf die dramatische Entwicklung der Suizide in seinem persönlichen Umfeld in einem berührenden und erschütternden Gastbeitrag für *Die Welt* hingewiesen.[5]

Vor dieser Aktion wurden vielerorts Verständnis und Mitgefühl für diese schwer getroffene Branche gepredigt. So erklärte Herbert Grönemeyer im November 2020, jeder

der 1,8 Millionen Millionäre in Deutschland solle doch bitte zweimal 50 000 bis 150 000 Euro Solidaritätsspende für Kunst- und Kulturschaffende leisten.[6] Eine hehre und edle Forderung, das musste man ihm lassen. Unklar war allerdings, ob Grönemeyer sich selbst zu diesen 1,8 Millionen zählte. Denn von Künstlern, die nebenbei auch Millionäre sind, hatte er nichts gesagt.

Als aber von mehreren Schauspielern der Versuch unternommen wurde, mit #allesdichtmachen laut und deutlich Widerspruch gegen die aktuellen Verhältnisse zu äußern, war die vorher häufig bekundete Solidarität dahin. Noch schlimmer: Nun wurden die Beteiligten öffentlich durch den Dreck gezogen (Stichwort: »Wohlstandsverwahrlosung«),[7] in die Ecke von Nazis[8] und Querdenkern gestellt, mit Berufsverbot bedroht[9] und mit Morddrohungen überzogen.[10] Die Reaktionen überstiegen bei Weitem das, was man in einer Demokratie noch als erträglich ansehen kann.

Liefers und seine Kollegen mussten bitter feststellen, dass Solidarität manchmal nur eine Richtung kennt. Denn eine Solidaritätsbekundung, die der Solidarische davon abhängig macht, ob der andere seine Frustration über die Bundesregierung äußert oder nicht, ist geheuchelt und menschlich unanständig.

Ein anderes Beispiel: Wie einige wissen, ist Saskia Esken die Ko-Vorsitzende der SPD. Dieses einst verantwortungsvolle Amt, das schon geachtete und verehrte Persönlichkeiten wie Otto Wels, Kurt Schumacher oder Willy Brandt innehatten, hält sie leider nicht davon ab, dumme Dinge zu tun. So bezeichnete Esken Kritiker der Corona-Politik gerne pauschal und undifferenziert als »Covidioten«[11] – so, als sei für Sozialdemokraten die Ausgrenzung und Verunglimpfung von Menschen ein ganz normales Stilmittel in der öffentlichen Auseinandersetzung.

Das Problem ist jedoch, dass man mit solchen unsinnigen Pauschaldiffamierungen auch diejenigen Menschen aus dem öffentlichen Diskurs heraustreibt, die nicht an Verschwörungstheorien glauben, sondern die ein ernstes Anliegen haben und sich um ihre eigene Existenz oder die mentale Gesundheit ihrer Kinder fürchten. Eine derartige Beschimpfung darf man in unserem freien Land als SPD-Vorsitzende zwar ungestraft machen, man sollte sich dann aber im Gegenzug nicht wundern, wenn die eigene Partei vom Status einer Volkspartei in Richtung Einstelligkeit abrutscht. Als politische Strategie kann ich jedenfalls nicht empfehlen, Menschen ihre Angst als Makel vorzuhalten.

Saskia Esken mag die Spaltung der Gesellschaft beklagen. Mit einfältigen Aussagen wie diesen schafft sie aber selbst den Zustand, gegen den sie sich verbittert auflehnt.

Werden demokratische Prozesse entbehrlich?

Die Lernkurve ist in Krisenzeiten immer steil. So wie von heute auf morgen 83 Millionen Erstsemester-Virologen in Deutschland aus dem Boden schossen, gab es auch in anderen Bereichen erstaunliche Erkenntnisfortschritte. Mit der Pandemie konnte man erleben, in welchem Ausmaß sich die Kenntnisse über die Gewaltenteilung ausgerechnet bei der vierten Gewalt noch ausbauen ließen.

Ein Beispiel: Dass die Bundeskanzlerin bei den Runden der Regierungschefs von Bund und Ländern ohne rechtlich bindende Wirkkraft ist, haben viele Journalisten nicht oder bestenfalls spät verstanden. Frau Merkel hatte sich schnell im Rahmen der Ministerpräsidentenkonferenz eine Rolle der Krisenmanagerin angemaßt, die ihr überhaupt nicht zustand.[12] Sicherlich mit viel gutem Willen, dabei aber frei vom Ballast rechtlicher Kenntnisse kamen dann im Mai 2020 etwa folgende Gedanken auf zeit.de zustande: »Weil sie die Ministerpräsidenten nicht mehr zurückhalten kann, entscheidet sich Angela Merkel für den Paradigmenwechsel: ein flexibler Föderalismus gegen das Virus.«[13] Am selben Tag formulierte es die Onlineredaktion der Tagesschau ähnlich: »Der Bund gibt die Zügel bei den Lockerungen langsam aus der Hand – nun sind die Länder in der Verantwortung.«[14]

Dass die Kanzlerin die Ministerpräsidenten in infektionsrechtlichen Fragen noch nie zurückhalten oder zügeln durfte, sondern die Landesregierungen immer selbst für ihr Bundesland entscheiden mussten, hatte man sich im journalistischen Berlin offenbar nicht vorstellen können. Es herrschte gemeinhin das Bild einer eher »angeleiteten« Demokratie vor, bei der Frau Merkel sagt, was ist. Nicht nur die Länder, sondern auch das Parlament, ja eigentlich alle Menschen im Land hätten ihren Anweisungen Folge zu leisten. Und dass der »flexible Föderalismus« eine Idee der Kanzlerin gewesen sei und nicht schon seit 1949 im Grundgesetz steht, darauf musste man erst einmal kommen.

Aber wer will es den professionellen Beobachtern verdenken, dass sie Politik mittlerweile hauptsächlich als inhaltlich entkernte Machttaktik verstehen, wenn ihnen selbst ein bayerischer Ministerpräsident durch sein Verhalten ständig Recht gibt? Markus Söder – der es beherrscht, jede 180-Grad-Kehrtwendung als konsequente Linie zu verkaufen – erklärte im Herbst 2020, wie viel er von der demokratisch gewählten Volksvertretung im Allgemeinen hält. In einer Meldung vom 19. Oktober des Jahres lasen wir Interessantes:

Bayerns Ministerpräsident Markus Söder hat neue Vorwürfe zurückgewiesen, das Mitspracherecht der Parlamente in der Anti-Corona-Politik von Bund und Ländern sei zu gering. »Das Parlament ist ständig dabei. Das Parlament wird bei allen Gesetzen eingebunden«, sagte der CSU-Chef am Montag nach einer Videoschalte des CSU-Vorstands in Nürnberg.[15]

Wenn man diese Sätze unbefangen liest, kann man fast gerührt und dankbar sein, dass die Exekutive dem Gesetzgeber generös gestattet, bei Gesetzen auch einmal mitreden zu dürfen. Wer so denkt, erwartet, dass sich die Parlamentarier entsprechend demütig gegenüber dem Ministerpräsidenten zeigen.

In diesen Worten Söders spiegelt sich die anmaßende Rolle der Exekutive wider. Einlassungen dieser Art sind für die Corona-Krise beispielhaft. Der Anspruch, die Regierungschefs hätten zu entscheiden, während die Parlamente entweder widerspruchslos folgen oder gleich außen vor bleiben sollten, wurde mit der Ausnahmesituation gerechtfertigt. Daher gab es aus machtpolitischen Erwägungen durchaus Gründe, die Ausnahmesituation möglichst lange aufrechtzuerhalten, um per Exekutivakt durchregieren zu können. Ähnliches ließ sich bei der Diskussion um die Frage beobachten, ob und wann die Grundrechtsbeschränkungen bei Geimpften und Genesenen aufgehoben werden sollten. Dazu kommen wir noch.

In wenigen Fällen haben sich die Länderparlamente erfolgreich gegen diese Anmaßung gewehrt und sich für eine parlamentarische Befassung stark gemacht, die regelmäßig nach den Beratungen der Regierungschefs angesetzt wurde. Zunächst handelte es sich dabei aber eher um Einzelfälle. Besonders im Bundestag konnten wir über eine lange Frist erleben, wie gering die Bereitschaft vor allem der Union war, über die in Gang gesetzten Maßnahmen überhaupt zu debattieren. Die exekutive Überheblichkeit wurde einerseits von der Unkenntnis vieler Informationsvermittler flankiert und andererseits von den grünen parlamentarischen Bodyguards oppositionell beschützt, die sich bereits als Teil der gemeinsamen Sache verstanden.[16]

Die Verächtlichmachung der Freiheit

Der sogenannte »Lockdown Light« vom November 2020 war nach Ansicht der Bundeskanzlerin zunächst nahezu alternativlos. Eigentlich hätte sie sich auch noch mehr Einschränkungen vorstellen können. Laut Beschlussvorlage ihres Kanzleramtes sollte die Schließung »zügig die Infektionsdynamik [...] unterbrechen, damit in der Weihnachtszeit keine weitreichenden Beschränkungen« notwendig seien. Hotelübernachtungen wurden für private Zwecke untersagt, die Gastronomie geschlossen, Theater, Opern und Kinos ebenso. Um dem Vorwurf der Verfassungswidrigkeit der Maßnahmen zumindest rhetorisch zu begegnen, erklärte die Kanzlerin selbst, die Maßnahmen seien »geeignet, erforderlich und verhältnismäßig«[17] – so, als müsste dies in einem Rechtsstaat besonders betont werden. Als sich nach einigen Tagen abzeichnete, dass der erwünschte Effekt ausblieb, zog man auch kommunikativ die Daumenschrauben an.

Nach einer weiteren Verlängerung und Verschärfung der Maßnahmen wurden Schuldige gesucht – und gefunden: Menschen, die an der frischen Luft an Glühweinständen ihre Restfreiheit in Anspruch nehmen wollten. In ihrer Regierungserklärung am 9. Dezember 2020 sagte die Kanzlerin dann auch mitfühlend:

[…] ich weiß, wie viel Liebe dahintersteckt, wenn Glühweinstände oder Waffelbäckereien aufgebaut werden. Das verträgt
sich nicht mit der Vereinbarung, dass wir zum Beispiel Essen nur
zum Mitnehmen für den Verzehr zu Hause einkaufen. Es tut mir
leid, es tut mir wirklich im Herzen leid, aber wenn wir als Preis
dafür Todeszahlen von 590 Menschen am Tag in Kauf nehmen
sollen, dann ist das nicht akzeptabel aus meiner Sicht. Und deshalb müssen wir da ran![18]

Die Botschaft war eindeutig: Glühweintrinker und Waffel-
esser sind potenzielle Kriminelle – oder wie Markus Feldenkirchen sarkastisch im *Spiegel* schrieb: »Wer jetzt noch
Glühwein trinkt, hat die Leichen der kommenden Wochen
auf dem Gewissen.«[19]

Die Bundeskanzlerin musste nicht ein einziges Mal einen
Beleg für die Behauptung vorlegen, inwieweit das Verweilen im Freien überhaupt die Pandemie antreibt – mit oder
ohne Waffel in der Hand. Stellungnahmen von Aerosolfor-
schern lassen eher vermuten, dass diese Form des Zusam-
mentreffens grundsätzlich ungefährlich ist.[20] Die amtliche
Behauptung war offensichtlich als kraftvolles Signal gedacht, dass die Zügel wieder angezogen werden müssten.
Es handelte sich in erster Linie um Symbolpolitik, weil man
lieber Schuldige suchen wollte, statt sich um das wirkliche
Problem zu kümmern. Denn ob die eingesetzten Maßnahmen überhaupt etwas gebracht haben, wurde später gar
nicht überprüft.[21] Es war das Zeichen, dass sich Merkel dem
Freiheitswunsch von Menschen auch ohne ausreichende Begründung entgegenstellen würde. Und die angeblich rück-
sichtslosen Glühweintrinker oder waffelessenden Kinder
waren diejenigen, die dafür an den Pranger gestellt werden
mussten.

Auch die Menschen, die nach einer langen Zeit der Ent-
behrungen endlich einmal wieder in den Urlaub wollten,

wurden Opfer schlimmster Beleidigungen. Der Gedanke herrschte vor, während der Pandemie sei das Recht auf Reisefreiheit automatisch suspendiert. In den sozialen Netzwerken schimpfte man über rücksichtslose Egomanen. Und Ende März 2021 fielen in der Runde der Regierungschefs von Bund und Ländern offenbar folgende Worte der Kanzlerin: »Ich werde Himmel und Hölle in Bewegung setzen.« Es könne nicht sein, »dass Menschen jetzt nach Mallorca fliegen, aber in Flensburg können wir einen 15-Kilometer-Radius durchsetzen«.[22]

Pressewirksam begleitet wurde Merkels Warnung von allerlei vermeintlichen Experten. Interessant war zu beobachten, dass die fachfremde Qualifikation der Sprechenden in der Regel kein Problem darstellte, solange sie die dramatische Kommunikationslinie der Bundesregierung stützten. So sagte etwa Jürgen Schmude, Professor für Tourismuswirtschaft an der Universität München: »Wir laufen nun Gefahr, mit Mallorca ein zweites Ischgl zu produzieren. Es würde mich nicht wundern, wenn die Insel in drei Wochen wieder in einen harten Lockdown muss.«[23] Und ein Kommentator des *Handelsblattes* sprang gleich bei. Die Menschen könnten nichts für ihr Verhalten, erklärte er väterlich-beschützend, denn nach »den vielen Einschränkungen der vergangenen Monate wirkt die Aussicht auf einen entspannten Urlaub am Strand wie eine Verheißung«. Deshalb dürfe die Bundesregierung nicht auf Appelle setzen, sondern müsse Hotelurlaube grundsätzlich verbieten.[24]

Der SPD-Gesundheitsexperte Karl Lauterbach prognostizierte auf Mallorca eine dramatische Entwicklung der Infektionszahlen – auch durch die neue brasilianische Mutante P.1. Er ging jedoch noch weiter und warf der Balearen-Regierung vor, hinterhältig mit den offiziellen Zahlen zu tricksen, um wieder Touristen anzulocken. Bei Maybrit Illner sagte er:

»Ich glaube, dass die längst P.1 haben und ich glaube auch den Fallzahlen nicht.« Deshalb habe die Bundesregierung dafür »gekämpft« und »nach Hilfskonstruktionen gesucht, das irgendwie zu verbieten«[25] – was schließlich nicht möglich war. Von Berlin aus ließen sich in Spanien nicht Himmel und Hölle in Bewegung setzen. Die Zahlen wiesen aus, dass Mallorca nicht mehr den Status eines Risikogebietes hatte. Der unbedingte Wille, Menschen vor einer Gefahr zu beschützen, scheiterte in diesem Falle daran, dass keine besondere Gefahr vorhanden war. Spanien ist übrigens ein Rechtsstaat.

Diese Episode zeigte sehr deutlich, wie weit der Wunsch nach Kontrolle des Lebens anderer Menschen gegangen war. Indem Karl Lauterbach erklärte, man müsse freie Individuen im Zweifel über Einschränkungen und Verbote beschützen, stellte er sich über sie. Es ist der Anspruch auf Allgemeingültigkeit der eigenen Weltsicht, bei dem das eigene, möglicherweise karge Leben den Maßstab für alle anderen Menschen bildet. Was man selbst nicht tun darf oder möchte, sollen die anderen demnach auch nicht tun dürfen. In diesem, vermeintlich »guten«, Sinne musste er es mit der Wahrheit nicht ganz so genau nehmen. Das Verbreiten von Fake News war hier offenbar erlaubt – und notwendig. Schließlich ging es um Leben und Tod.

Diese Anmaßung begleitete uns in der Corona-Krise ständig. Nicht nur Karl Lauterbach schwang sich zu ihr auf, sondern auch und vor allem die Bundesregierung. Das paternalistische Motiv vom kümmernden Staat führte faktisch zu einer verkümmerten Handlungsfreiheit für alle – immer mit dem offenen oder stillen Vorwurf, dass die Andersdenkenden rücksichtslos Menschenleben aufs Spiel setzten. Die moralische Verdammung des Freiheitswunsches konnte kaum schwerer wiegen. Es war das Bild einer Politik, die die staatliche Bevormundung als Normalzustand ansah.

Das »Wir« in Corona

Sicher, derjenige muss viel aushalten, der sich mit einer pro-
filierten Ansicht in den Wind stellt. Das ist weder gut noch
schlecht, sondern die notwendige Begleiterscheinung des
Meinungsstreits. Die Hysterie, die das politische Berlin schon
immer etwas unangenehm gemacht hatte, erreichte jedoch
seit März 2020 neue Höhen. Nun warf man selbst aus den
Herzen der Redaktionsstuben mit Dreck auf missliebige Mei-
nungsträger. Zur Zielscheibe wurden auch Menschen, die
sich mit ihrer Expertise redlich eingebracht hatten und daran
mitarbeiten wollten, die Pandemie besser zu überstehen.

Im Interview mit dem Virologen Christian Drosten hol-
ten die *Spiegel*-Redakteurinnen im Januar 2021 das große
Besteck heraus. Die weltweit geachteten Wissenschaftler
Hendrik Streeck und Jonas Schmidt-Chanasit würden einen
»größeren Schaden als Corona-Leugner« anrichten, so die
Journalistinnen, da sie »immer wieder gegen wissenschaftlich begründete Maßnahmen argumentiert« hätten.[26]

Abgesehen von dem unerträglichen Vergleich erstaunt
die Haltung, man könne sich als Journalist zum Letztent-
scheider über »die« Wissenschaft aufspielen. Die akademi-
sche Freiheit und die Meinungsfreiheit spielen dann keine
Rolle mehr, weil man ja weiß, was abschließend richtig ist.
Der *Cicero* sprach in diesem Zusammenhang von einer »De-
magogie des Corona-Mainstreams«.[27]

Vielleicht könnte man meinen, bei Wissenschaftsjournalis-
ten stehe eher die Vermittlung im Vordergrund, weshalb das
mangelnde Verständnis für die notwendige Auseinandersetzung entschuldbar sei. Doch selbst Vertreterinnen dieser Zunft,
die ständig betonen, bei ihnen habe die Wissenschaft Vorrang
vor der Kommunikation, denken so. Die preisgekrönte Mai Thi
Nguyen-Kim erklärte im Oktober 2020 auf Twitter:

> Corona hat meine Meinung geändert. Mehr Wissenschaftler*innen in den Medien sorgen nicht für mehr Aufklärung, sondern für mehr Verwirrung. Wir brauchen Qualitätskontrollen in der #Wisskomm, sonst steht Autorität/Popularität vor Expertise/Wahrhaftigkeit [sic].[28]

Der Vorwurf, es gehe den angesprochenen Wissenschaftlern einzig um die eigene Popularität, ist schon ziemlich bemerkenswert. Jedoch drängen sich gleich die nächsten Fragen auf: Wenn wir in der Wissenskommunikation nur noch die »richtigen« Wissenschaftler – denen es wirklich nur um die Wahrhaftigkeit geht – einsetzen sollten, wer wählt diese aus? Und vor allem: Wer ist »wir«?

Es wird ein Lagerdenken erkennbar, das ernsthafte Debatten, die eine echte Lösung anstreben, unmöglich macht. Wenn es am Ende nur noch um Selbstbehauptung geht, rutscht unsere Debattenkultur ins Mittelalter ab – oder ins Infantile. Mit ähnlichem Verhalten bin ich aus dem Kindergarten vertraut: Dort versammelten sich immer die kleinen Jungs in einer Bande, um sich gegenüber anderen stärker zu fühlen. Was genau ist hier anders?

Das »Wir« in Corona ist irgendwann zu einem Selbstläufer geworden. Ich kann mich gut an eine Sendung von *Hart aber fair* Mitte Juni 2020 erinnern, an der ich teilnehmen durfte. Christina Berndt, eine Wissenschaftsjournalistin der *Süddeutschen Zeitung*, war von dem »Wir«-Gedanken geradezu überwältigt. Vor dem Hintergrund deutlich sinkender Infektionszahlen und dem Wunsch einiger, wieder in den Urlaub zu fliegen, sagte sie hier:

> Wir brauchen auch die Freiheitsrechte und natürlich sollen sich Menschen jetzt wieder entwickeln und ihren Bedürfnissen nachgehen, das ist gar keine Frage. Und das können wir ja auch alles. Gerade weil wir so vernünftig waren, gerade weil wir diese Regeln haben. Jetzt kommt die App. Wir haben die Masken, wir ha-

ben ein Verhalten uns angewöhnt, indem wir schon sehr vernünftig sind. Wir können das jetzt alles tun. Meine Ansicht ist nur, wir
sollten nicht an manchen Punkten so furchtbar übertreiben. Und
auch noch an Punkten, wo der gesellschaftliche Rückhalt noch
nicht da ist.[29]

An jenem Tag, als Christina Berndt vor Freiheitsübertrei-
bungen warnte, lag die Sieben-Tage-Inzidenz deutschland-
weit bei 2,5. In den sieben Tagen zuvor hatten 158 Land-
kreise keinen einzigen Corona-Fall an das Robert
Koch-Institut gemeldet.[30]

Der »Wir«-Gedanke in der Corona-Bekämpfung ist deshalb gefährlich, weil er desintegrativ wirkt. Er führt nämlich dazu, diejenigen, die sich nicht unter diesem Begriff
versammeln wollen und andere Vorstellungen als die
»Wir«-Fraktion vertreten, moralisch zu entwerten und als
Spalter darzustellen. Dabei wirkt der kollektive Gedanke im
»Wir« viel spalterischer. Es ist die Vorstellung einer Mehr-
heitsgesellschaft, die meint, weil sie sich als Mehrheit ver-
steht, automatisch das Richtige zu tun. Ob deren Promoto-
ren wirklich die Mehrheit vertreten, spielt dabei übrigens
keine Rolle – das subjektive Gefühl, dass sie es tun, reicht
vollkommen aus. Dass dabei aber in jedem Falle Minderhei-
tenrechte unter die Räder kommen, wird im Sinne der »guten Sache« geflissentlich ignoriert.

Angst als Mittel der Durchsetzung politischer Interessen

Der Mensch ist ein soziales Wesen und braucht deshalb
Nähe zu anderen Menschen. Mit dem Beginn der Corona-Pandemie wurde dieser Grundsatz plötzlich umdefiniert.
Durch die erhöhte Ansteckungsgefahr hieß es nun, dass
man die emotionale Nähe zu seinen Liebsten durch das Ein-

halten der räumlichen Distanz ausdrücke. Die Kanzlerin erklärte schon im März 2020, wir sollten die Alten am besten nicht mehr treffen und stattdessen vielleicht per Brief oder Videotelefonie mit ihnen in Kontakt treten. Das war in diesem Moment sicher gut gemeint. Die tatsächlichen Konsequenzen sollten sich für viele Menschen jedoch als herzzerreißend und grausam herausstellen. Manche sahen ihre engsten Verwandten nie wieder.

Während die Bundeskanzlerin zu Beginn der Pandemie sicher redliche Motive hatte, als sie die Distanzwahrung bewarb, wurde im Bundesinnenministerium bereits daran gearbeitet, die Angst vor einer Infektion als politisches Instrument zu nutzen. Ein Strategiepapier, das auch mithilfe Lothar Wielers vom Robert Koch-Institut erstellt wurde, sah vor, den Menschen nicht die Angst zu nehmen, sondern – im Gegenteil – ihnen noch mehr Schrecken einzujagen, um sie folgsamer zu machen und die Bereitschaft für harte politische Maßnahmen zu erhöhen. »Maßnahmen präventiver und repressiver Natur« sollten hierdurch vorbereitet werden, erklärte der Staatssekretär Markus Kerber in einem internen Schriftwechsel an die beteiligten Wissenschaftler.[31] Der Inhalt dieses Papiers lief dementsprechend auf eine informationelle Repression hinaus.

So sollte etwa auf folgendes Szenario hingewiesen werden, um die »gewünschte Schockwirkung« zu erzielen:

Kinder werden sich leicht anstecken, selbst bei Ausgangsbeschränkungen, z. B. bei den Nachbarskindern. Wenn sie dann ihre Eltern anstecken und einer davon qualvoll zu Hause stirbt und sie das Gefühl haben, Schuld daran zu sein, weil sie z. B. vergessen haben, sich nach dem Spielen die Hände zu waschen, ist es das Schrecklichste, was ein Kind je erleben kann.[32]

Und nicht nur das: Indem man es zum Ziel erklärte, dass »Politik und Bürger« als Einheit agieren müssten,[33] legte man ganz nebenbei auch die Axt an unsere demokratischen Strukturen. »Die« Politik als »Einheit« bedeutete nun: Politische Alternativen, die die Opposition hätte abbilden können, waren nicht mehr vorgesehen oder erwünscht. Vielmehr sollte die Stimmung der Bevölkerung »durch den Eindruck eines starken staatlichen Interventionismus in Schach gehalten werden«, so ein beteiligter Forscher.[34]

Bereits zu Beginn der Pandemie agierte das Robert Koch-Institut unter Lothar Wieler also nicht mehr nur als wissenschaftliche Einrichtung, sondern ließ sich auch für die Angstkommunikation der Bundesregierung vor den Karren spannen. Die Strategie bekam damit eine wissenschaftliche Grundierung. Das erarbeitete Papier stieß in der Führungsspitze des Innenministeriums übrigens auf positive Resonanz und fand den Weg ins Krisenkabinett der Bundesregierung.[35]

In den folgenden Wochen wechselte die Referenzgröße der Bundesregierung für die Pandemie-Bekämpfung mehrfach. Hieß es zuerst, man wolle die Überlastung des Gesundheitssystems vermeiden – »flatten the curve« –, schwenkte man bald dahingehend um, dass Lockerungen nur bei einer Verdoppelungszeit von ursprünglich zehn, dann 14 Tagen möglich seien. Als dieser Wert bei über 20 Tagen lag, erklärte die Kanzlerin auf einmal den sogenannten Reproduktionsfaktor (R-Wert) zur maßgeblichen politischen Richtschnur.[36] Der R-Wert, so hatte sie in einer Pressekonferenz erläutert, müsse stabil unter 1 bleiben, um die Infektionsdynamik unter Kontrolle zu halten. Zum damaligen Zeitpunkt wurde nur eine Nachkommastelle bei diesem Wert ausgewiesen.

Am 30. April 2020 sollte die nächste Ministerpräsidentenkonferenz stattfinden. Zwei Tage zuvor erreichte die deutsche Öffentlichkeit die Meldung, dass der R-Wert plötzlich auf 1,0 gestiegen sei.[37] Damit waren die Lockerungshoffnungen wieder dahin. Auch kam die Nachricht überraschend, weil der R-Wert seit Tagen stabil bei 0,9 gelegen hatte und man eher von einer fallenden Inzidenzdynamik ausging. Zudem ließ sich diese Steigerung aus den sehr intransparenten Daten des RKI nicht einwandfrei herleiten.[38] Meine eigenen Berechnungen ergaben einen Wert, der näher bei 0,9 lag.

Über die Deutsche Presse-Agentur ließ ich nun wissen, dass mir diese Zahlen eher den Eindruck vermittelten, »politisch motivierte Zahlen zu sein als wissenschaftlich fundiert«. Ausgerechnet kurz vor der Ministerpräsidentenkonferenz, bei der über mögliche Lockerungen diskutiert werden solle, stieg dieser Wert wieder an. Ein Schelm, wer Böses dabei denkt.

Es gab heftigen Gegenwind, Empörungswellen schwappten hoch. Schließlich galt das Robert Koch-Institut zu diesem Zeitpunkt noch als sakrosankt und über jeden Zweifel erhaben. Nachdem mir in der Folge unter anderem »Wissenschaftsverachtung«, »Populismus« sowie die Stimmungsmache »wie in einer Klimaleugner-Diskussion«[39] vorgeworfen wurde, bat ich Gesundheitsminister Jens Spahn schriftlich um Offenlegung der für den fraglichen Tag vorliegenden Daten des RKI.

Aus Spahns Antwort las ich, dass mein Rechenweg jedenfalls richtig war. Sein Ministerium kam jedoch zu einem anderen Ergebnis. Indem es den errechneten Wert von 0,9465 zuerst auf 0,95 und anschließend ein weiteres Mal auf 1,0 rundete, wandte es allerdings unzulässige mathematische Methoden an.[40] Eine Aufrundung eines bereits gerundeten Wertes ist nur zulässig, wenn der Ursprungswert unbekannt ist. Es ist davon auszugehen, dass der Taschenrechner beim RKI mehr als nur zwei Nachkommastellen ausweist. Richtig wäre bei den vorgelegten Daten für den fraglichen Tag daher der R-Wert 0,9 gewesen.

Auf eine Nachfrage des *Spiegels* erklärte das Robert Koch-Institut später, die Zahlen für den fraglichen Tag seien nicht mehr reproduzierbar.[41] Spahns Ministerium hatte jedoch genaue Zahlen vorliegen.

Im weiteren Verlauf der Pandemie wurden private Kontakte immer mehr in einen halbkriminellen Bereich gedrängt. Wer mit seinem Partner im Park unterwegs war, durfte zum Teil nicht einmal mehr stehen bleiben, wenn ein befreundetes Paar den Weg kreuzte.[42] Man musste immer damit rechnen, dass die Behörden selbst bei harmlosen Begebenheiten einschritten. In München waren Polizeibeamte mit einem Zollstock im Park unterwegs, um das 1,5-Meter-Abstandsgebot zu kontrollieren.[43] In Kirchberg im Landkreis Zwickau löste man im Dezember 2020 eine Skatrunde auf, nachdem ein Nachbar die Polizei gerufen hatte.[44] Das bloße Verweilen am Düsseldorfer Rheinufer[45] oder das Bücherlesen auf bayerischen Parkbänken[46] wurde verboten. Ab sofort galten andere Menschen immer als eine potenzielle Gefahr: entweder wegen der Ansteckungsgefahr oder weil sie einen bei der Staatsmacht verpfeifen konnten. Das Wort »Blockwartmentalität« machte die Runde.[47] Der grundsätzliche Freiheitsgedanke, den die Verfassungsmütter und -väter für die Bundesrepublik Deutschland vorgesehen hatten, wurde ad absurdum geführt.

Hinzu kam, dass es in der Angstkommunikation zu einem sehr beunruhigenden Zusammenwirken zwischen staatlicher, wissenschaftlicher und journalistischer Seite gekommen war. So wurden Prognosen erstellt, die ein Schreckensszenario an die Wand malten und die als bereits feststehende Zukunftstatsache die Forderung nach noch viel härteren Grundrechtseinschränkungen legitimieren sollten.

Anfang Februar 2021 erklärte Melanie Brinkmann, Virologin an der TU Braunschweig, dem *Spiegel*, wenn die politischen Entscheidungsträger noch vier Wochen ohne harte Maßnahmen warten würden, »geht es hier demnächst zu wie in London, dann gibt es eine Tausender-Inzidenz, und alle sind ganz erschrocken«.[48]

Mitte März verbreitete auch wieder das Robert Koch-Institut derartig wilde Szenarien. Lothar Wieler erklärte in der Bundespressekonferenz, er erwarte zu Ostern eine Sieben-Tage-Inzidenz von 300, vielleicht sogar 500.[49] Wenige Tage später legte er nach und warnte vor 100 000 Neuinfektionen täglich. Jens Spahn sekundierte und sah den Kollaps des Gesundheitssystems in nur wenigen Wochen als realistisch an.[50] Der *Spiegel* erklärte apodiktisch hinter der Glaskugel-Einführung »Folgendes wird passieren«: Bis zu 25 000 Coronapatienten, so warnten Mediziner, müssten »auf den Intensivstationen um ihr Leben kämpfen«[51] und er kommentierte entsprechende Horrorzahlen dann so: Zwar seien Prognosen »immer mit Unsicherheit behaftet«, doch bei Corona würden diese Schätzungen wohl eher deutlich zu niedrig angesetzt:

> Schnell fragt man sich: Kann es tatsächlich zu derart hohen Zahlen kommen? So lief es jedenfalls Ende September, als Bundeskanzlerin Angela Merkel hochrechnete, dass es in Deutschland zu Weihnachten Corona-Fallzahlen von 19 200 am Tag geben würde. Am Ende stimmte Merkels Prognose nicht: Die Fallzahlen lagen schon deutlich früher in diesem Bereich. Aber es hätte vermutlich geholfen, wenn ihre Warnung ernster genommen worden wäre.[52]

Spiegel-Leser wussten mehr, nämlich: Es geht um alles. Die Redakteure des Nachrichtenmagazins sahen sich damit offensichtlich auch als journalistische Vorkämpfer für weitergehende Grundrechtseingriffe (von denen sie weit weniger betroffen waren als viele andere Menschen im Land). Es komme wohl noch viel dramatischer, als wir ohnehin schon dachten, so der Tenor – eine Steigerung der bereits katastrophalen Vorhersage. Daher fragte das Blatt eher auffordernd als neugierig: »Warum zögern Ministerpräsidenten und Kanzlerin noch?«[53]

Einige Wochen später musste man jedoch mit Blick auf die vom RKI gemeldeten Zahlen konstatieren: Die Prognosen hatten sich nicht einmal ansatzweise bewahrheitet. In der Spitze lag die Sieben-Tage-Inzidenz eher im Bereich von 160 und die Zahl der täglichen Neuinfektionen kratzte kaum an der 30 000er-Marke. Das war zwar mehr als vorher, von den dramatischen Vorhersagen allerdings noch weit entfernt. Aber darum ging es den Schreckensvermittlern auch gar nicht, wie sich herausstellte, sondern um Erziehung durch Angst.

Wieder tat sich hier der *Spiegel* hervor. In einem nur vordergründig selbstkritischen Beitrag lasen wir nun überraschenderweise:

> Tatsächlich sind Modelle nicht perfekt. Doch als Frühwarnsystem funktionieren sie zuverlässig. Dass sie in der Coronakrise dazu beigetragen haben, Szenarien zu verhindern, von denen sie selbst ausgingen, ist nicht ihr Manko, sondern im Gegenteil ihr großer Wert.[54]

Nicht die Informationsvermittlung lag den Redakteuren offenbar am Herzen, sondern das richtige Resultat einer Meldung – und sei es eine Falschmeldung. Das alte Augstein-Motto »Sagen, was ist« galt in der Corona-Krise offensichtlich nicht mehr. Es wurde ersetzt durch: »Sagen, was angemessen beeinflusst.« Wer sein Journalismus-Verständnis derart ausrichtet, wer bei einem Bericht die Wirkung vor die Informationsvermittlung stellt, der hat sich in Richtung Polit-Aktivismus verabschiedet.

Und nicht nur das: Dass mithilfe solcher Horrormeldungen eine Stimmung erzeugt wird, die Grundrechtseingriffe erleichtert, ist aus rechtsstaatlicher und demokratischer Sicht gravierend. Denn auf diese Weise könnte man nahezu jedes staatliche Handeln legitimieren, solange sich die Bevölkerung hinreichend fürchtet. Eine demokratische Gesellschaft lässt sich aber mit Angst nicht auf Dauer friedlich aufrechterhalten.

Die spätere Erklärung, dass die Sorge vor dem Eintreffen der Prognose bereits eine disziplinierende Wirkung gehabt hätte, weshalb das schreckliche Szenario nicht eingetreten sei, war außerdem ziemlich billig. Mit solch einer Begründung müssen die Prognosen nie stimmen. Die Schreckensverbreiter hätten damit immer Recht, unabhängig davon, ob das heraufbeschworene Szenario tatsächlich eintritt oder nicht.

Die »Sorge« Jens Spahns vor einer Überlastung des Gesundheitssystems hatte sich übrigens auch nicht bestätigt. Kurze Zeit später musste ihn der Expertenbeirat seines Ministeriums darüber unterrichten, »dass die Pandemie zu keinem Zeitpunkt die stationäre Versorgung an ihre Grenzen gebracht hat«.[55]

Spätere Berichte legen außerdem nahe, dass Spahn diese Sorge gar nicht hatte, sondern sie aus politischen Gründen nur vorspielte, um den Panikmodus aufrechtzuerhalten. Der Bundesrechnungshof berichtete im Juni 2021, dass das RKI bereits am 12. Januar des Jahres Unregelmäßigkeiten bei den Krankenhauszahlen an das Bundesgesundheitsministerium gemeldet hatte. Es gebe konkrete Hinweise per E-Mail und telefonisch, so das RKI, dass Krankenhäuser ihre Intensivkapazitäten absichtlich kleiner angeben würden, als sie tatsächlich waren. Der Grund: Erst bei einer Auslastung von über 75 Prozent standen den Hospitälern staatliche Corona-Ausgleichzahlungen zu. Obwohl Spahn von diesen Belegen wusste, setzte er später die angeblich knappen Intensivkapazitäten als politisches Druckmittel ein, um den Sinn der Bundesnotbremse zu unterstreichen.[56] Seinen Expertenbeirat, der extra zur Kontrolle in diesem Bereich eingerichtet worden war, informierte Spahn nicht.[57]

Staatliche Organe, die Folgsamkeit mit dem Mittel der Angst erzeugen wollen, repräsentieren keinen Staat der Freiheit mehr. Vielmehr haben sie den Boden des Autoritären betreten. Und wenn eine solche Repressionspolitik auf diesem Weg dann noch von Wissenschaftlern und Journalisten flankiert und bestätigt wird, gerät unsere Demokratie in schweres Fahrwasser. Denn damit fallen wichtige Korrektivakteure einfach weg.

Wenn es willkürlich ist, was den Menschen gesagt wird, und stattdessen nur das gesellschaftliche Ergebnis stimmen muss, dann kehrt sich der Gedanke vom mündigen Bürger in sein Gegenteil um. Die Verfassung erlaubt in der Frage, in welche Richtung sich die Gesellschaft entwickeln möchte, keine Abkürzung. Es ist immer ein Weg des gesellschaftlichen Aushandelns, nicht der staatlichen Vorgabe. Durch ihre Taten hat die Bundesregierung eine Untertanenmentalität nicht nur gefördert, sondern auch insgeheim eingefordert. Das ist eine Entwicklung, die jeden, der noch immer auf die Stärke unserer Verfassungsordnung setzt, mit großer Besorgnis erfüllen muss.

Die Schuldfrage

Neben der Angst schob sich auch das verwandte Gefühl der »Schuld« in den öffentlichen Raum. Nur zur Klarheit: Schuld hat nicht immer etwas mit Verantwortung zu tun. So haben die Regierungsmitglieder in der Corona-Krise zwar politische Verantwortung getragen, für das Scheitern ihrer Politik aber meistens andere beschuldigt. In den seltenen Fällen, in denen mal etwas glatt lief, reklamierte die Bundesregierung dann jedoch gleich das volle Verdienst für sich. Ob sie an diesem Erfolg »schuld« war oder nicht, spielte eigentlich keine Rolle.

Im Januar 2021 geriet Jens Spahn öffentlich unter starken Druck. Die staatliche Verteilung der FFP2-Masken ging nur schleppend voran und die Impffortschritte befanden sich auf dem Stand eines Entwicklungslandes. Alles in allem hatte Spahn gute Gründe, mit seiner Performance unzufrieden zu sein. Viele Menschen in Deutschland waren es jedenfalls.

Doch statt mit Demut auf diesen Umstand zu reagieren und eigene Fehler einzuräumen, vergesellschaftete er einfach die allgemeine Schuldfrage. Gegenüber der *Bild am Sonntag* erklärte er im Interview:

> Aber wir sollten aufpassen, dass 2021 nicht das Jahr der Schuldzuweisung wird. Über Fehler und Versäumnisse reden, ist wichtig. Aber ohne dass es unerbittlich wird. Ohne dass es nur noch darum geht, Schuld auf andere abzuladen. Wir brauchen ein Jahr der Zusammenarbeit und der Zuversicht. Am Ende werden wir dieses Virus gemeinsam besiegt haben.

Der aufmerksame Leser hat bereits erkannt, dass das »Wir« in Corona hier wieder eine Rolle spielt. Und die Schuldfrage – ja, so wollte Spahn uns mitteilen, die könne man gerne in einer Demokratie mal bereden. Aber nicht jetzt, nicht einmal mehr in diesem Jahr. Jetzt geht es um Zusammenhalt. Und zwei Fragen weiter gab er dann zu verstehen:

> Wir haben dem Virus zu viel Raum gelassen. Wir hätten schon im Oktober bei geringeren Infektionen härtere Maßnahmen ergreifen müssen. Aber ob sich Corona ausbreitet, ist nicht nur eine Sache politischer Entscheidungen, sondern von uns allen. Es braucht entschlossenes staatliches Handeln, aber auch verantwortungsvolles Verhalten jedes Einzelnen. Wir sitzen alle in einem Boot.[58]

Was er genau mit »verantwortungsvollem Verhalten« meinte, wird auch mit etwas zeitlichem Abstand nicht ganz klar. Denn mit dem Verhalten der Bundesbürger konnte die Bundesregierung zu diesem Zeitpunkt durchaus zufrieden sein. Die lebensgefährlichen Glühweinstände waren nicht mehr das Problem, denn die hatte man ja verdammt. Und die befürchtete Steigerung der Infektionszahlen durch die Weihnachtsfeiertage und durch das weitgehend verbotene Silvester-Böllern blieb glücklicherweise aus.[59]

Zwischen den Zeilen las man dann aber doch eine klare Botschaft. Spahn erklärte den Menschen nämlich recht deutlich: Wenn es schiefläuft, fasst euch erst einmal an die eigene Nase, bevor ihr den Schuldigen im Bundesgesundheitsministerium sucht. »Wir« sitzen schließlich alle in einem Boot. Von diesem Zeitpunkt an begann Spahns Stern zu sinken.

Tatsächlich verbirgt sich hinter dem Schuldgedanken eine große Hilflosigkeit vieler Menschen in diesem Land. Diejenigen, die in den genannten Mallorca-Urlaubern Schuldige erblickten, sahen in dem einfachen Feindbild auch eine Möglichkeit, ihrer Machtlosigkeit ein »Gesicht« und damit ein Ventil zu geben. Es war ein nachvollziehbares Gefühl, dass irgendjemand den Weg zu einem gewohnten Vor-Corona-Leben versperrte, gewissermaßen als eine emotionale Notwehrmaßnahme.

Doch auch die Exekutive offenbarte ihre Hilflosigkeit, indem sie anderen die Schuld zuschob. Man erkannte in der Bundesregierung wohl alsbald, dass die politischen Maßnahmen nicht so griffen, wie man sich das vorgestellt hatte. So war es weitaus leichter, die Verantwortung zu externalisieren, als sich um die wirkliche Lösung des Problems zu kümmern.

Nicht nur das Reiseziel Mallorca bündelte den Volkszorn, sondern auch ganz normale Menschen, die an schönen Tagen in den Park gingen – und dabei bedauerlicherweise viele andere antrafen, die rein zufällig das Gleiche vorhatten. Perfiderweise wurden diese Menschen, die nicht dauerhaft in den eigenen vier Wänden hocken wollten, dann zum Teil von anderen Zeitgenossen fotografiert und in den sozialen Netzwerken verächtlich präsentiert. Es müssen kleinherzige Gemüter sein, die den Zwang verspüren, sich über solche Aufnahmen als bessere Menschen zu stilisieren. Zudem stellte sich bei all diesen Fotos die Frage: Wie kann man sich moralisch über Menschen erheben, die dasselbe machen wie man selbst? Denn aus irgendeinem Grund muss sich auch der Fotograf privat dort im Park bewegt haben, wenn er nicht gerade abschnittsbevollmächtigter Denunziant ist.

Wenn es um eine lebensgefährliche Viruserkrankung geht, dann schaukeln sich die Emotionen selbstverständlich hoch. Für unsere demokratische Gesellschaft war die bewusste Kultivierung des Schuldvorwurfs aber hochproblematisch. Die amtliche Erklärung, wir müssten nur alle mitmachen und den freundlichen Empfehlungen der Exekutive Folge leisten, dann wäre das Virus irgendwann weg,[60] hatte einen faden Beigeschmack, implizierte sie doch gleichzeitig, dass Infizierte offensichtlich nicht ausreichend »mitgemacht« und damit Schuld auf sich geladen hätten. Wäre dem so, würde dies nicht nur Schuldfragen an Jens Spahn aufwerfen, der sich ja im Oktober 2020 mit dem Corona-Virus infiziert hatte. Es würde ebenfalls unsere aufgeklärte Gesellschaft an die Grenzen bringen. Die ständige Suche nach Schuldigen erdrückt den menschenfreundlichen Gedanken unserer Gesellschaftsordnung. Deshalb warne ich dringend davor, auf diesem Weg weiterzugehen. Unsere Freiheit und der gesellschaftliche Frieden sollten es uns wert sein.

Wissenschaftliche und ethische Wegbereitung

Der Deutsche Ethikrat war in den Anfangstagen gefragt. Jens Spahn hatte sich zu einem frühen Zeitpunkt in der Pandemie an dessen Vorsitzenden, Peter Dabrock, mit der Bitte gewandt, Leitlinien für den weiteren Umgang mit Corona zu erarbeiten. Allein die Tatsache, dass Spahn sich zu diesem Schritt entschloss und ethischen Beistand erbat, zeigt die emotionale Dramatik der ersten Tage und Wochen. Die Wissenschaftler um Dabrock enttäuschten nicht. Innerhalb kürzester Frist erstellten sie ein beeindruckendes Ad-hoc-Papier, das am 27. März 2020 veröffentlicht wurde. Es ist von enormer intellektueller Kraft und auch heute noch lesenswert.[61]

Die Ethiker machten es sich erkennbar nicht leicht. Sie stellten aber unmissverständlich klar, dass der »gebotene Schutz menschlichen Lebens« nicht absolut gelte:

> Ihm dürfen nicht alle anderen Freiheits- und Partizipationsrechte sowie Wirtschafts-, Sozial- und Kulturrechte bedingungslos nach- bzw. untergeordnet werden. Ein allgemeines Lebensrisiko ist von jedem zu akzeptieren.[62]

Auch aus diesem Grund könnten und dürften die »anstehenden Entscheidungen nicht allein auf (natur-)wissenschaftlicher Basis erfolgen. Es wäre nicht nur eine Überforderung der Wissenschaft, wollte man von ihr eindeutige Handlungsanweisungen für das politische System verlangen. Es widerspräche auch dem Grundgedanken demokratischer Legitimation, würden politische Entscheidungen umfassend an die Wissenschaft delegiert. Wissenschaftliche Beratung der Politik ist wichtig, sie kann und darf diese aber nicht ersetzen.«[63]

Das Papier endet mit einem energischen Plädoyer für unsere demokratische Ordnung, für mehr Demokratie und eine breite parlamentarische und gesellschaftliche Debatte – gerade in einer Zeit, in der große Belastungen und Spannungen erwartet wurden:

> Krisen, so heißt es oft, seien die »Stunde der Exekutive«. Das greift zu kurz. Gerade in der Krise ist auf das Zusammenwirken des gewaltengegliederten und zudem föderal differenzierten Staates mit der Vielfalt gesellschaftlicher und namentlich wissenschaftlicher Stimmen zu setzen. Die aktuell zu klärenden Fragen berühren die gesamte Gesellschaft; sie dürfen nicht an einzelne Personen oder Institutionen delegiert werden. Gerade schmerzhafte Entscheidungen müssen von den Organen getroffen werden, die hierfür durch das Volk mandatiert sind und dementsprechend auch in politischer Verantwortung stehen. Die Corona-Krise ist die Stunde der demokratisch legitimierten Politik.[64]

Bei diesen Worten muss jedem freiheitlich denkenden Menschen das Herz aufgehen. Denn der Ethikrat pochte mit Entschiedenheit auf die Einhaltung unserer demokratischen Ordnung. Nur sie könne in der ungewissen Zeit einen verträglichen Ausgleich zwischen den widerstreitenden Interessen finden. Unsere verfassungsmäßige Ordnung sei also das einende Band, mit dem wir alle verknüpft sind – besonders in der schlimmsten Krise seit Bestehen der Bundesrepublik.

Für mich stellte sich die – leider nie zu klärende – Frage: Was hätten wir uns erspart, und was hätten wir gewonnen, wenn die Bundesregierung diese Empfehlungen angenommen und beherzigt hätte? Wenn die Bundeskanzlerin persönlich die gesellschaftliche Debatte offen, mit möglichst vielen Akteuren angeführt hätte? Wenn sie nicht intransparent in Hinterzimmern mit den Ministerpräsidenten, sondern mit allen parlamentarischen Kräften im Deutschen Bundestag über den vernünftigsten Weg gerungen hätte – ohne Anfeindungen, ohne Verächtlichmachung, mit Respekt für die andere Position, auf Augenhöhe mit Eltern,

Künstlern, Selbstständigen, Virologen, Epidemiologen, Pflegekräften, Psychologen, Ärzten aus allen Disziplinen? Diese breite Debatte blieb, wie wir wissen, aus. Damit haben wir eine große Chance vertan, Gräben zu überwinden und diese Krise auch emotional bestmöglich zu meistern.

So stark und verfassungspatriotisch die Leitlinien des Ethikrates im März 2020 auch waren, umso irritierender schien die Positionierung des Gremiums unter Dabrocks Nachfolgerin Alena Buyx im weiteren Verlauf der Pandemie. Nicht mehr der breite gesellschaftliche und politische Austausch wurde für den Ethikrat nun zum zentralen Element der Bewältigung der Krise, sondern vielmehr ein unklarer »Zusammenhalt«, der offenbar über dem demokratischen Prozess verortet ist.

Buyx erklärte im Januar 2021 in der ZDF-Sendung Berlin direkt: »Ich halte es für ganz wichtig, dass bei den Fragen der Pandemie, bei den dringenden Entscheidungen, die vor uns stehen, kein Wahlkampf betrieben wird, denn der verzerrt die Diskussion.« Es sei zwar nachvollziehbar, so Buyx, dass mit der Bekämpfung der Corona-Pandemie Wahlkampf betrieben werde, »aber ich würde mir sehr wünschen: Wenn es um Entscheidungen geht, die das Leben von allen Bürgerinnen und Bürgern so stark betreffen, dass das da außen vor bleibt«.[65]

Was Buyx hiermit sagte, war so klar wie erschreckend. Indem sie den demokratischen Parteien die Fähigkeit absprach, verantwortlich mit der Corona-Pandemie umzugehen, erklärte sie mit der Autorität ihrer Funktion als Vorsitzende des Ethikrates, dass es eigentlich nur einen politischen Weg zur Lösung des großen Problems gebe. Alternativen sollten möglichst nicht abgebildet werden, weil sie offensichtlich die Diskussion »verzerren« und Menschen verunsichern. Die Opposition könnte mit dieser Herangehensweise ihre Arbeit einstellen und nach Hause gehen. Sie wäre überflüssig.

Dankenswerterweise entscheidet nicht der Ethikrat oder irgendein anderes Gremium darüber, was in einer Demokratie richtig oder falsch ist. Mit der Begründung von Buyx wäre – überspitzt formuliert – schließlich jedes beliebige Thema aus dem Wahlkampf herauszuhalten. Jede politische Frage, wie Einwanderung, Klimaschutz, Steuer- oder Verkehrspolitik, betrifft zumindest mittelbar das Leben sämtlicher Bürgerinnen und Bürger. Es ist übrigens der Sinn von Politik, das Leben möglichst aller Menschen zu verbessern. Ich bin der festen Überzeugung, dass dieser Leitgedanke die Vertreter aller demokratischen Parteien antreibt.

Es war in diesem Zusammenhang nicht gerade verwunderlich, dass Kanzleramtsminister Helge Braun den Wortbeitrag von Buyx auf Twitter mit einem Like versehen hat.[66] Schließlich wurde sie damit zur ethisch-moralischen Kronzeugin der Politik der Bundesregierung.

Doch nicht nur der Ethikrat verlor irgendwann seine Linie, auch die wissenschaftlichen Berater der altehrwürdigen Leopoldina. Im Dezember 2020, als die Bundeskanzlerin angesichts dramatischer Prognosen auf weitere Einschränkungen des öffentlichen Lebens hinwirken wollte, schien es wie eine Fügung, dass die Nationale Akademie der Wissenschaften kurz zuvor genau dieser Argumentation mit einer Stellungnahme den Weg bereitete. Ein Mitglied der Akademie, das nicht an der Ausarbeitung beteiligt war, sagte in diesem Zusammenhang später, dies sei ein »ganz eindeutiges Beispiel von politischem Missbrauch von Wissenschaft«.[67]

In diesem Papier, eher Postulat als wissenschaftliches Elaborat,[68] preschten die Autoren weit auf politisches Terrain vor. Auf viereinhalb Seiten wurden umfangreiche Maßnahmen zur Eindämmung der Pandemie gefordert, unter anderem eine Verlängerung der Weihnachtsferien, eine Kontaktsperre möglichst für alle Personen außerhalb des eigenen Haushaltes und ein sehr harter, kurzer Lockdown, bei dem die Feiertage um Weihnachten und Neujahr als Ruhetage genutzt werden sollten.[69]

Die emotionalen Pflöcke rammte gleichzeitig der an dem Papier beteiligte Christian Drosten ein. Dieser beschwor im NDR-Podcast, als er die Alternativlosigkeit dieses Vorgehens beschrieb, das Leopoldina-Papier sei eine »deutliche und letzte Warnung der Wissenschaft«. Wenn die Politik sich gegen die darin enthaltenen konkreten Empfehlungen entscheide, »dann hat sich die Politik auch nicht mehr für die Wissenschaft entschieden«.[70] Die dahinterstehende Überzeugung, alleinige Deutungsmacht über die Richtigkeit politischer Entscheidungen zu haben, ist bemerkenswert.

Dass Christian Drosten, der auf seinem Gebiet zweifelsohne eine weltweit anerkannte Koryphäe ist und mit Sicherheit auch selbstkritisch und demütig an Studienergebnisse herangeht, von »der« Wissenschaft spricht, wenn er mit anderen einen Forderungskatalog aufstellt, überrascht fast noch mehr. Denn aus diesen Worten tritt nicht nur der Anspruch zutage, selbst über die politische Richtung bestimmen zu können, sondern auch der heimliche Glaube an die eigene Unfehlbarkeit.

In ihrer Rede im Deutschen Bundestag am 9. Dezember 2020 wies Angela Merkel dann gleich mehrfach auf »die Wissenschaft«, namentlich auf die Stellungnahme der Leopoldina, hin, die der Kanzlerin den richtigen Weg gewiesen habe. Darauf gründete sie den dringenden Appell: »Wir müssen uns jetzt noch ein Mal anstrengen. Wir haben jetzt schon so viele Monate mit diesem Virus verbracht, und wir haben doch gelernt: Wir können etwas dagegen tun!«[71]

Wie sehr sich im Laufe der Pandemie die Linien von eigentlich freien und unabhängigen Institutionen an den Kurs der Exekutive angenähert hatten, zeigte dann ein Beispiel aus Bayern. Es war für manch einen irgendwann offenbar nicht mehr denklogisch vorgesehen, dass Mitglieder eines Ethikrates eine andere Auffassung als diejenige der Regierung vertreten. So warf Markus Söder ein Mitglied des in seinem Land gerade gegründeten Gremiums einfach wieder heraus. Christoph Lütge von der TU München hatte mehrfach vor massiven Kollateralschäden der Lockdown-Politik gewarnt. Der Bayerische Ministerrat befand, Lütges Äußerungen seien nicht mit der »verantwortungsvollen Arbeit im Ethikrat« in Einklang zu bringen, und widerrief daraufhin kurzerhand seine Ernennung.[72]

Diese Beispiele zeigen, wie fließend die Grenzen zwischen Politik und Beratung im Verlaufe der Pandemie geworden waren. Hatte der Ethikrat zunächst noch eine klare Grenzziehung und Aufgabenteilung zwischen Wissenschaftlern und Politikern verlangt, so wurde »wissenschaftsgesteuerte« Politik später zu einer Art Qualitätsausweis. Das Problem war jedoch, dass mit der ständigen Berufung auf »die« Wissenschaft auch das Narrativ von »der« Politik transportiert wurde. Hiermit grenzte man im politischen Diskurs auf vermeintlich objektiver, weil wissenschaftlicher Grundlage abweichende Stimmen von vornherein aus. Diese galten allein deshalb als wissenschaftsfern oder gar -feindlich, weil sie eine Alternative zum angeblich alternativlosen Kurs der Bundesregierung abbilden wollten.

Dieses Narrativ ließ sich einige Zeit erfolgreich aufrechterhalten. Das Jahr 2020 war deshalb mit Sicherheit nicht das Jahr der Opposition.

Der große Wunsch nach politischer Anleitung

Wenn wir uns mit der gesellschaftlichen Verunsicherung be-
fassen, darf selbstverständlich auch der Wunsch von Vertre-
tern der Exekutive nicht fehlen, ihrer größeren Machtfülle
während der Pandemie entsprechende Geltung zu verschaffen. Der Gedanke in einigen Staatskanzleien und Ministerien war wohl, der mangelnden gesellschaftlichen Selbstge-
wissheit durch größere politische Anleitung zu begegnen.
Mit der faktischen Ausgrenzung der Parlamente trieb dieses
Sonnenkönigsgefühl bisweilen merkwürdige Blüten.

Ein paar Beispiele: Der sächsische Ministerpräsident
Michael Kretschmer sah sich im Dezember 2020 mit einer
stark steigenden Infektionswelle konfrontiert. Wohl teils
aus Verzweiflung, teils aus Enttäuschung über seine Lands-
leute schwang er nun die große Verbalkeule – und machte
dabei deutlich, dass er die demokratische Grundordnung
zumindest zeitweise für disponibel hielt. Auf einer Pressekonferenz in Aue erklärte er, nachdem er die Intensivsta-
tion des örtlichen Krankenhauses besucht hatte: »Wir brauchen hier ganz andere, ganz klare autoritäre Maßnahmen
des Staates.« Es sei nicht mehr damit getan, so Kretschmer
weiter, »dass wir ermahnen, dass wir Vorgaben zu Kontaktbeschränkungen und Ausgangsbeschränkungen treffen,
sondern es muss so sein, dass das gesellschaftliche Leben in
Sachsen zur Ruhe kommt«.[73]

In eine ebenfalls eher zuchtmeisterliche Richtung äußerte
sich an anderer Stelle Bundesverteidigungsministerin Annegret Kramp-Karrenbauer. In einer Pressekonferenz zu einem
frühen Zeitpunkt der Pandemie im März 2020 sagte sie alles
andere als freundlich-ermunternd: »Wer keine dauerhafte
Ausgangssperre will, […] der muss jetzt selbst höchste Disziplin wahren.«[74]

Am weitesten reichte jedoch – wenig überraschend – der bayerische Ministerpräsident Markus Söder, der im November 2020 väterlich-beschützend seine politische Bestimmung verriet: »Wir wollen lenken, begleiten und in die richtige Richtung führen.«[75]

Wahrscheinlich dachten sich tatsächlich einige Entscheidungsträger, dass ihnen bei so offen dargelegter Fürsorge die Herzen der Menschen reihenweise zufliegen müssten. Die Botschaften waren ja eindeutig. So erklärte Michael Kretschmer im Grunde, dass demokratische Verfahren bei der Bekämpfung der Pandemie untauglich seien. Überzeugen könne man die mündigen Bürgerinnen und Bürger zum vernünftigen Handeln offenbar nicht mehr. Diese Hoffnung hatte er schon aufgegeben. Stattdessen müssten die Menschen nun in möglichst vielen Lebensbereichen die harte Hand des Staates spüren.

Ministerin Kramp-Karrenbauer ließ durchscheinen, dass man sich besser anständig verhalte, sonst könnte man sogar dauerhaft (!) eingesperrt werden. Und Söder wollte den Menschen einfach liebevoll erklären: Er wisse schon, was gut und richtig für alle sei, er habe alles im Blick, nehme uns an die Hand und führe uns zum Licht. Und es gebe nur den einen Weg zur Erleuchtung, nämlich seinen eigenen.

Wer sich mit der demokratischen Ordnung für ein paar Momente beschäftigt, erkennt schnell, dass eine solche Denkweise im Kern antidemokratisch ist. Wenn nicht mehr um den besseren Weg gerungen, sondern vom großen weisen Mann in der Staatskanzlei vorgedacht und durchnavigiert werden soll, dann schimmert ein Gedanke durch, der jeden Demokraten in höchste Alarmbereitschaft versetzen muss. Die Selbstinszenierung von Regierungen als mächtige, unfehlbare Staatenlenker kennen wir eigentlich aus Ländern, die man eher in anderen Teilen der Erde finden kann. Ein derartiges Gebaren ist mit dem Geist unserer Verfassung jedenfalls unvereinbar. In diesem Zusammenhang passt ganz gut, dass sich Markus Söder später von seiner Parteikollegin Ilse Aigner für seine Verdienste um die Verfassungsordnung die Bayerische Verfassungsmedaille in Gold aushändigen ließ.[76] Man könnte meinen, die überlebensgroße Statue sei bereits in Arbeit.

Erstaunlich lange traf diese exekutive Anmaßungsmentalität auf fruchtbaren Boden. In Umfragen hielten die befragten Deutschen zu einem großen Prozentsatz die Maßnahmen für angemessen, einige konnten sich sogar noch härtere Einschnitte vorstellen. Der allgemeine Eindruck herrschte offenbar vor, dass die Härte der Knebelung unmittelbar mit der Qualität der Pandemiepolitik zusammenhing.

Das war für mich ein wirklich interessanter Befund, der zugleich erhebliche Fragen aufwarf. Noch härtere Maßnahmen zu fordern, bedeutete ja auch, dass jeder und jedem die bereits bestehenden Maßnahmen in voller Breite hätten bekannt sein müssen. Denn nur wer weiß, was konkret gilt, kann auch erklären, dass noch mehr zu gelten habe. Doch das war oftmals nicht der Fall. Wer sich einmal durch den Verordnungsdschungel durchgekämpft hat, kann mit Fug und Recht behaupten: Die Landesverordnungen waren zum Teil selbst für Fachleute nur schwer zu verstehen und nicht einmal alle Landesbehörden kannten ihre eigenen Verordnungen im Detail.[77]

Mehr noch: Irgendwann hatte sich der gesellschaftliche Wunsch nach harten Maßnahmen von dem tatsächlichen Verhalten der Bürgerinnen und Bürger entkoppelt. Die *Süddeutsche* stellte im April 2021 ernüchtert fest: »[…] obwohl viele härtere Maßnahmen wollen, reduzieren sie ihre Kontakte kaum.«[78] Die hohe Selbstdisziplin, die viele Menschen in den ersten Monaten der Pandemie noch an den Tag gelegt hatten, wurde nun abgelöst von der Haltung, dass sich die anderen stärker an die Regeln halten sollten als sie selbst. Dass diese mentale Spreizung die gesellschaftlichen Spannungen eher erhöht als besänftigt, liegt auf der Hand.

Einige politische Entscheidungsträger in Bund und Ländern hatten mit ihrem »Herrenreitertum«, so Alexander Kissler, einen maßgeblichen Anteil an dieser Entwicklung. Mit der Aufforderung, Disziplin gegen sich und andere zu üben, die Folgebereitschaft zu erhöhen und den vorgezeichneten Weg nicht zu hinterfragen, wurde das individuelle Leben auf die Einhaltung politisch gesetzter Verhaltensregeln verengt.

Die *Neue Zürcher Zeitung* machte sich im November 2020 zu Recht große Sorgen: »Menschen können nicht nur Lebenszeit verlieren, sondern auch die Kunst, sie mit Sinn und Freude zu füllen.« Daher, so der bittere Schluss, »könnte es schwierig werden, zur bürgerlichen Freiheit zurückzukehren«.[79]

5 Der gefährliche exekutive Unwillen

Die Begründungsumkehr

Im Laufe der Pandemie mussten wir bei vielen verschiedenen Gelegenheiten erleben, wie leichtfertig die Bundesregierung und einige Landesregierungen unsere Rechtsordnung übertraten und damit das fatale Signal aussendeten: Die verfassungsrechtlichen Leitplanken werden so lange akzeptiert, wie sie dem eigenen politischen Willen nicht im Wege stehen. So handelte es sich etwa bei der rechtlich fragwürdigen und vollkommen beliebig gezogenen »Corona-Leine« von 15 Kilometern um den eigenen Wohnort um nur ein Zeugnis dieser Denkweise. Ein gefährlicher Unwillen war erkennbar, sich energisch um eine Aufklärung über die Ansteckungswege zu kümmern oder ausreichende Begründungen für Grundrechtseingriffe zu geben. Stattdessen wurden oftmals Argumente vorgeschoben, neue Probleme präsentiert und der Raum der Freiheit damit stetig weiter verengt. Man konnte bisweilen den Eindruck gewinnen, dass die eigene Unwissenheit als Argumentationsmittel für die Aufrechterhaltung oder gar Verschärfung von Maßnahmen diente. Rechtsstaatlich problematisch wurde es dann, als man rechtsetzende Mittel implementierte, um Dinge zu regeln, die nicht einmal mittelbar mit der Pandemiebekämpfung zu tun hatten. Als man also zu vermitteln versuchte, dass das Virus ab 22 Uhr in Restaurants gefährlicher sei als eine Minute zuvor, dann wurde nicht nur das Verständnis der Bürgerinnen und Bürger auf eine harte Probe gestellt. Vielmehr degradierte man die individuelle Freiheit und die Auslegung ihrer gesetzlichen Grundlage zu einer einfachen politischen Verfügungsmasse.

Besonders besorgniserregend war für mich, dass Vertreter der Regierungsseite plötzlich eine Begründungsumkehr bei Freiheitsrechten betrieben. Eigentlich sieht unsere Verfassung vor, dass Beschränkungen der Grundrechte einer Rechtfertigung bedürfen. Demokraten haben die verfassungsmäßige Aufgabe, für das größtmögliche Maß an Freiheit zu kämpfen. Nun aber sollten sich Bürgerinnen und Bürger plötzlich rechtfertigen, wenn sie ihre Freiheitsrechte wahrnehmen wollten.

Dabei hatten Verfassungsrichter schon früh ein klares Stoppschild gesetzt. In einem bemerkenswerten Eilentscheid befand der Verfassungsgerichtshof des Saarlandes bereits Ende April 2020, dass sich die Exekutive schon im Klaren sein müsse – um es etwas salopp auszudrücken –, wer bei Freiheitsbeschränkungen Koch und wer Kellner ist. Die Richter störten sich bei der zugrundeliegenden Corona-Verordnung des Landes vor allem daran, dass Bürgerinnen und Bürger, die das Haus verlassen wollten, einen triftigen Grund gegenüber den Behörden glaubhaft machen mussten. Es sei »nicht zu erklären, warum ein beliebiges, ›freies‹ Verlassen der eigenen Wohnung ohne Ziel […] verboten wird, während es mit dem Ziel, ein Ladengeschäft ›aufzusuchen‹ – ohne einen zur Deckung des Lebensbedarfs notwendigen Kauf anzustreben – erlaubt wird«.

Das Gericht sah ferner die Gefahr, dass man »sich mit dem Verlassen der eigenen Wohnung unmittelbar einem ›Generalverdacht‹ aussetzt und jederzeit einen triftigen Grund glaubhaft machen können muss. Ungeachtet der von der Verordnung nicht näher geregelten Frage, welche Mittel der Glaubhaftmachung zulässig, aber auch ausreichend sind, muss der Bürger die Wahrnehmung elementarer Grundrechte jederzeit – vergleichbar einer Umkehr der Beweislast – gegenüber dem Staat rechtfertigen.«[1]

Mit anderen Worten: Dass unbescholtene Bürger nun gegenüber staatlichen Stellen begründen mussten, dass sie ihre Freiheiten wahrnehmen wollten, war mit unseren verfassungsrechtlichen Grundlagen nicht in Einklang zu bringen.

Ich will diese überschießende Maßnahme der saarländischen Landesregierung nicht gutheißen, sie ist aber im Lichte der damaligen Situation wahrscheinlich noch entschuldbar. Schließlich war die pandemische Lage so neu und so dramatisch, dass auch die Exekutive ihren Weg finden musste. Im Laufe der Monate wuchs jedoch die Erfahrung und obergerichtliche Eilentscheidungen korrigierten in der kommenden Zeit durchschnittlich zehn exekutive Maßnahmen pro Monat. Trotz dieser Entwicklung wurde die Anmaßung der Exekutive in diesem Zusammenhang jedoch nicht kleiner, sondern steigerte sich zum Teil sogar ins Unverschämte.

Ein Beispiel: Im Oktober 2020 wurde der Regierende Bürgermeister Berlins Michael Müller in einer Pressekonferenz überraschend emotional. Angesichts der explodierenden Corona-Zahlen seiner Stadt legte er in einer Pressekonferenz ungebremst offen, woran es einigen Regierungschefs in dieser Pandemie mangelte: an Rechtsverständnis. Vor dem Hintergrund von Klagen verschiedener Kneipenbesitzer gegen die vom Berliner Senat verfügte Sperrstunde sagte er wörtlich:

Meine Sorge ist, dass sich einige auch noch das letzte Stückchen Egoismus einklagen werden. […] Aber es ist kein Erfolg, sich ein oder zwei Stunden mehr Freiheit zu erstreiten, […] weil es eben doch wieder dazu verleitet, in größeren Runden zusammenzukommen […] und wieder neue Infektionsketten in Gang zu setzen und wieder andere Menschen zu gefährden.[2]

Lehnen wir uns einmal zurück und denken kurz über diese bemerkenswerten Sätze nach. Laut Michael Müller handle es sich bei demjenigen, der sein Recht vor einem ordentlichen Gericht erstreitet, um einen gefährlichen Egoisten. Auch einem Regierenden Bürgermeister steht ein wenig Selbstreflexion gut an. Denn nicht derjenige, der in einem Rechtsstaat vor Gericht Recht bekommt, hat etwas Falsches getan, sondern diejenigen, die ihm dieses Recht nehmen wollten. Es wäre für das Ansehen unserer Rechtsordnung sicher hilfreich, würden manche Exekutivvertreter nicht ihre eigenen moralischen Kategorien über das Gesetz stellen. Denn ein moralisch begründetes Recht über dem tatsächlichen Recht gibt es nicht. Wer sollte auch darüber richten?

Was die Umkehrung der Begründungspflicht angeht, blieb der gute Herr Müller im weiteren Verlauf der Pandemie ein verlässlicher Stichwortgeber. Anfang Dezember 2020, die Infektionszahlen stiegen weiter deutlich an, erklärte er im ARD-Morgenmagazin, dass er bestimmte Freiheiten seiner Mitmenschen nicht wünsche. Er sagte: »Es gibt keinen Grund, sich wirklich noch am 28. Dezember einen Pullover zu kaufen.« Das könne man »auch vorher machen«.[3]

Die Tatsache, dass Michael Müller es nicht für notwendig befunden hatte, sich zwischen den Jahren um sein gepflegtes Äußeres zu kümmern, wandelte sich kurzerhand zum allgemeinen Maßstab. Er hatte kein Gefühl dafür, dass es sich einige Familien erst nach dem Weihnachtsfest leisten können, angemessene, wintergerechte Kleidung zu kaufen. Außerdem kehrt er die Freiheitsbegründung einfach um. Auch hier gilt: Rechtliche Bedenken gibt es in dieser Welt ebenso wenig wie ein Verständnis für Freiheitsrechte. Das eigene moralische Empfinden ist Trumpf. Wer es sich als politischer Entscheidungsträger im Ausnahmezustand gemütlich macht und meint, individuelle Freiheiten nach Gutsherrenart zuteilen oder beschneiden zu können, statt kraftvoll dafür zu sorgen, dass keine Einschränkungen mehr nötig sind, der sollte besser noch einmal einen Nachhilfekurs in Sachen Grundrechte besuchen.

Ich hatte es bereits erwähnt: Unsere Verfassung sieht auch ein Recht auf Unvernunft vor. Es wird durch Artikel 2 Absatz 1, die »allgemeine Handlungsfreiheit«, abgeleitet und gewährleistet, dass man grundsätzlich tun und lassen kann, was anderen nicht schadet. Die dort enthaltene Zeile »Jeder hat das Recht auf die freie Entfaltung seiner Persönlichkeit, soweit er nicht die Rechte anderer verletzt und nicht gegen die verfassungsmäßige Ordnung oder das Sittengesetz verstößt« ist der Kernsatz der Freiheit. Er knüpft an das positive Menschenbild der Aufklärung an und sorgt dafür, dass der Staat gegenüber freien und mündigen Bürgern nicht allzu übergriffig werden kann. Der Bürger ist nun mal kein Untertan – auch nicht in einer pandemischen Situation.

Vor diesem Hintergrund war die Einlassung des Bundesgesundheitsministers aus dem April 2021, es gebe keinen Anspruch auf Partys, auch nicht für Geimpfte,[4] schlicht falsch. Den gibt es nämlich – gerade für diejenigen, die nicht mehr zum Infektionsgeschehen beitragen. Infektionsschutz ist Gefahrenabwehr. Geht von Menschen keine Gefahr aus, können ihre Grundrechte grundsätzlich auch nicht mehr eingeschränkt werden. Weder die Bundeskanzlerin noch Jens Spahn sind zu einem solchen Schritt befugt.

Dass Bundesminister dennoch meinten, mit der Kraft der Behauptung derart weit in die individuelle Lebensführung eingreifen zu dürfen, war für mich eine alarmierende Entwicklung. Denn es ist für den Fortbestand unserer verfassungsmäßigen Ordnung immens wichtig, dass in dieser Frage keine Pflöcke eingerammt werden, auf die man sich später nach Corona – in jeder anderen tatsächlichen oder vermeintlichen Gefahrenlage – stützen kann. Wenn die Rechtfertigungsumkehr Schule macht, dann wird unser Grundgesetz mindestens perforiert, wenn nicht gar auf lange Frist komplett entwertet. Gemäß dieser Logik muss die von der Exekutive präsentierte Gefahr nur groß genug sein.[5] Der Freiheitsgrundsatz, der für unsere Verfassungsmütter und -väter heilig war, würde damit ins Belieben exekutiver Entscheidungsgewalt gestellt werden. Wer die Freiheit liebt, kann diese schrittweise verlaufende Entwicklung nur mit großer Sorge betrachten.

Symbolpolitik und vorgeschobene Argumente

Deutschland sei gut durch die erste Welle gekommen, war die hauptsächliche Erfolgserzählung des Jahres 2020. Die Bundesregierung ließ sich das Schulterklopfen, das Deutschland aus dem Ausland übermittelt wurde,[6] gerne zuschreiben. Jens Spahn gab eloquent ausländischen Sendern Interviews und erklärte in ordentlichem Englisch, was andere Länder von Deutschland lernen könnten. Und schauten wir auf die Zahlen, die uns das Robert Koch-Institut regelmäßig überbrachte, war klar: Die erste Welle mit knapp 9 000 Toten zog dankenswerterweise recht glimpflich über uns hinweg. Frankreich, Spanien, Italien, Schweden, die USA und viele andere fortschrittliche Länder schnitten im Vergleich dramatisch schlechter ab.

Doch das war wohl nur die halbe Wahrheit. Denn, wie die *Zeit* im März 2021 herausfand, zählte man in Deutschland die Toten offenbar anders. Hierzulande galten nur diejenigen offiziell als Corona-Tote, bei denen auch ein positiver PCR-Test vorlag. Doch das waren bei weitem nicht alle. Hätte Deutschland wie die meisten seiner Nachbarländer gezählt und auch die Fälle berücksichtigt, bei denen es einen Verdacht mit klinisch-epidemiologischem Befund gab, wären in der ersten Welle nicht rund 9 000, sondern zusätzlich ein- bis anderthalb Mal mehr Corona-Tote zu verzeichnen gewesen. Es gab in dieser Frage kein Erkenntnisproblem, denn bereits im Juli 2020 hatte die Barmer Ersatzkasse auf eine deutliche Unterschätzung der Corona-Hospitalisierungen hingewiesen.[7] Das Robert Koch-Institut wäre wohl zu jedem Zeitpunkt in der Lage gewesen, ein genaueres Bild über die Zahl der Corona-Toten zu zeichnen. Der Wille zur Aufklärung war jedoch sowohl dort als auch im Bundesgesundheitsministerium nicht sonderlich ausgeprägt.[8] Die deutsche Erfolgserzählung hätte schließlich Schaden nehmen können.

Im Nachhinein erstaunt es, dass der *Zeit*-Bericht so wenig öffentliche Resonanz nach sich zog. Denn das beschriebene Problem ist offenkundig und gravierend. Der Unwillen, sich mit den tatsächlichen Zahlen auseinanderzusetzen, hat selbstverständlich auch verhindert, dass wir Genaueres über die Ansteckungswege erfahren konnten. Wer nicht als Corona-Erkrankter oder -Toter gezählt wird, kann schließlich auch nicht bei der Nachverfolgung berücksichtigt werden. So blieb es auch im Unklaren, ob bestimmte Berufe, Lebensumstände oder Vorerkrankungen besonders betroffen waren. Wie sollte es zielgerichtete politische Gegenmaßnahmen geben, um bei einer möglichst geringen Eingriffstiefe so viel Gesundheitsschutz wie möglich zu bieten, wenn höchstens die Hälfte der Fälle erfasst wurde? Und welches Bild geben die deutschen Behörden ab, wenn man der eigentlichen Todesursache von tausenden Menschen mutmaßlich aus politischen Opportunitätsgründen nicht nachgehen wollte?

Wir werden dieses exekutive Verhalten im Laufe der Pandemie noch häufiger antreffen: Wer sich dumm stellt, kann nicht zielgerichtet die Pandemie bekämpfen. Das ist ein Ergebnis symbolpolitischer Erwägungen. Es geht nicht zuerst um Beseitigung der Problemlage, sondern um die bestmögliche politische Erzählung. Dass dabei möglicherweise viele Menschen zu Schaden gekommen sind, die mit einer ehrlichen Zählung und folglich besseren Abwehrmaßnahmen hätten geschützt werden können, wurde offensichtlich in Kauf genommen.

Ein anderes Beispiel für Symbolpolitik zeigte sich in der Diskussion um die starren Sieben-Tage-Inzidenzwerte pro 100 000 Einwohner, die seit Mai 2020 die politische Agenda bestimmten. In der damaligen Videoschalte der Bundeskanzlerin mit den Ministerpräsidenten wurde dieser Wert nun die Leitlinie in der Pandemiebekämpfung. In der *Süddeutschen* lasen wir dazu:

> Die Bekämpfung der Pandemie tritt in eine neue Phase: Die 375 Gesundheitsämter in den Landkreisen und Städten sollen künftig alle Infektionsketten nachverfolgen können, um diese rechtzeitig zu unterbrechen. Dafür bekommen sie mehr Geld und mehr Personal. Steigen die neuen Infektionen dennoch über den Richtwert von 50, müssen die Länder mit den lokalen Behörden ein Konzept zur Eindämmung erarbeiten und dem Robert-Koch-Institut (RKI) vorlegen.[9]

So weit, so klar. Im Herbst 2020 wurden die 50 und die 35 sogar in das Infektionsschutzgesetz als verbindliche, konkrete Rechtsfolgen auslösende Inzidenzwerte aufgenommen. Ab einer Sieben-Tage-Inzidenz von 50 auf 100 000 Einwohner waren dann in den betroffenen Landkreisen härteste Grundrechtseinschränkungen – bis hin zu Ausgangssperren – möglich.

Die Ansage der Kanzlerin im Mai 2020 war unmissverständlich: Bis zu einer Inzidenz von 50 seien die Gesundheitsämter in Deutschland noch in der Lage, die Kontakte ausreichend nachzuverfolgen.[10] Umso überraschter musste die deutsche Öffentlichkeit sein, als die Runde der Regierungschefs von Bund und Ländern am 16. November, also ein halbes Jahr später, Folgendes beschloss:

> Bund und Länder haben vereinbart, dass die Gesundheitsämter personell so aufgestockt werden, dass genügend Kontaktnachverfolgungspersonal bereitsteht, um täglich die Kontakte von 5 Neuinfektionen pro 100 000 Einwohner nachvollziehen zu können, das entspricht 35 Neuinfektionen pro 100 000 Einwohner pro Woche.[11]

Mit anderen Worten: Die Erklärung der Kanzlerin aus dem Frühjahr 2020 entbehrte offensichtlich einer tatsächlichen Grundlage. Der Wert von 50 Infektionen pro 100 000 Menschen pro Woche war wohl ziemlich aus der Luft gegriffen und mit einer Begründung unterlegt, die einfach nicht stimmte. 50 war eine handliche, aber willkürliche Zahl, mit der man gut umgehen konnte. Mehr nicht.

Dass diese Zahl auch kaum mehr als politisches Symbol taugte, lag schon damals auf der Hand. Zum einen berücksichtigt sie nicht, wie sich das Infektionsgeschehen konkret im Landkreis entwickelt. Es macht einen enormen Unterschied, ob wir es mit einem diffusen Geschehen zu tun haben oder ob sich der Bereich der Infizierten klar abgrenzen lässt – zum Beispiel, wenn der Ausbruch eindeutig auf ein Altenheim oder einen Schlachthof eingegrenzt werden kann. Im Falle Tönnies, wo es im Sommer 2020 ein solches Ausbruchsgeschehen im Schlachthof in Rheda-Wiedenbrück gegeben hatte, wurde ein kreisweiter Lockdown vom OVG Nordrhein-Westfalen für unverhältnismäßig und damit rechtswidrig befunden.[12] Es sei nicht nachvollziehbar, warum man in anderen Orten des Kreises Gütersloh alles dichtmachen musste, obwohl das Virus lokal leicht in Schach gehalten werden konnte.

Ein weiteres Problem ist, dass die Sieben-Tage-Inzidenz stark abhängig ist vom Meldeverhalten. Die extremen Meldeverzüge, die sich zum Beispiel über Weihnachten 2020 oder Ostern 2021 zeigten, machten deutlich, wie problematisch es ist, wenn konkrete Rechtsfolgen durch einen so schwankungsanfälligen Wert ausgelöst werden. Wer die Öffnung seines Geschäftes davon abhängig machen muss, dass die deutschen Behörden noch im zweiten Pandemie-Jahr das Wochenende Wochenende sein lassen, der wird wahrscheinlich immer weniger Verständnis für die Eindämmungsmaßnahmen aufbringen können. Die Dramatik, die das Symbol der »Epidemischen Lage von nationaler Tragweite« ausstrahlte, passte so gar nicht zur Behäbigkeit der deutschen Bürokratie in dieser Zeit.

Als man im Frühjahr 2021 die sogenannte Bundesnotbremse einführte, bei der ab einem Inzidenzwert von 100 wie mit einem Fallbeil automatisch harte Grundrechtseinschränkungen folgten, wurde dieser Umstand noch fragwürdiger. Denn nach dem Infektionsschutzgesetz sollte der tagesaktuell vom Robert Koch-Institut gemeldete Wert die entscheidende Datengrundlage sein. Dieser Tageswert bildete aber gar nicht das reale Infektionsgeschehen ab. Denn die später gemeldeten Fälle flossen nicht mehr in diese entscheidende Zahl mit ein. Alle Nachmeldungen fielen einfach heraus – so sah es die Rechenweise des RKI merkwürdigerweise vor.[13] In Wahrheit lag der vom RKI tagesaktuell ausgegebene Wert örtlich zum Teil rund 20 Prozent (Hamburg),[14] andernorts sogar bis zu 60 Prozent (Wilhelmshaven)[15] unter dem »echten« Wert, der auch die Nachmeldungen einbezog. Wenn sich der Erste Bürgermeister der Stadt Hamburg, Peter Tschentscher, dann selbst für seine erfolgreiche Corona-Politik lobte, konnte er darauf bauen, dass bis zu 20 Prozent der Fälle einfach im Nirwana gelandet waren. Wenn flächendeckende Ausgangsbeschränkungen aber von einer so unsauber erhobenen Zahl abhängig gemacht werden, zieht das verständlicherweise erhebliche verfassungsrechtliche Fragen nach sich.

Wer meint, dass dies bereits chaotisch klingt, dem sei gesagt: Es wurde noch um ein Vielfaches schlimmer. In der neuen Gesetzesformulierung wurde in Paragraph 28b Absatz 1 auf eine Internetseite verwiesen, die die maßgeblichen Inzidenzzahlen für das Greifen der Bundesnotbremse bereithalten sollte: rki.de/inzidenzen. Das Problem daran: In den ersten Tagen nach dem Inkrafttreten konnte man auf dieser Seite zwei Werte finden, einerseits die tagesaktuell »eingefrorenen« und andererseits die »bereinigten« Sieben-Tage-Zahlen, die auch die Nachmeldungen mit einbezogen.[16] Unklar war aber, welchen der beiden Werte der Gesetzgeber nun eigentlich meinte. Vor diesem Hintergrund entsprach das Gesetz nicht dem verfassungsrechtlichen Anspruch auf Normenklarheit. Seine Befolgung konnte demnach zwischen dem Inkrafttreten am 23. April und dem 3. Mai 2021 nicht verlangt werden. Erst dann hatte man die Internetseite beim RKI angepasst. So viel Dilettantismus habe ich bis dato noch nicht erlebt.

Unabhängig davon befand selbst die Bundesregierung den Inzidenzwert nicht als tauglich, um das Infektionsgeschehen vernünftig abzubilden. In einer Antwort auf eine

schriftliche Einzelfrage schrieb mir das Bundesgesundheitsministerium am 13. April 2021:

> Tatsächlich wird der reale Schweregrad der Pandemie durch an-
> dere Parameter abgebildet, etwa durch den prozentualen Anteil
> positiver Testergebnisse unter allen durchgeführten PCR-Tests,
> die Anzahl an COVID-19 Patientinnen und COVID-19-Patienten
> auf den Intensivstationen oder die Zahl der an oder mit CO-
> VID-19 Verstorbenen.[17]

Am selben Tag, als mir das Gesundheitsministerium die
Untauglichkeit des Inzidenzwertes bestätigte, brachte die
Koalition aus Union und SPD einen von ebendiesem Ministerium mitformulierten Gesetzentwurf ein. Es war die Änderung des Infektionsschutzgesetzes, die »Bundesnotbremse«.
Dort stand zu meiner Überraschung das genaue Gegenteil.
Plötzlich wurde der Inzidenzwert wieder als taugliches Mittel zur Bewertung einer pandemischen Entwicklung darge-
stellt. Das ist eine Argumentation auf Pippi-Langstrumpf-Ni-
veau: wie es gerade passt. Wer meint, dass dies nichts mehr
mit seriöser Pandemiebekämpfung zu tun hat, liegt genau
richtig.

Das Drama um Geimpfte und Genesene

Beginnen wir diesen Abschnitt gleich mit einem harten
Satz: Die von der Bundesregierung geführte Debatte um die
Grundrechte von Geimpften und Genesenen war von vorn-
herein taktisch geprägt.

Es muss den Beteiligten im Kanzleramt und im Bundesgesundheitsministerium früh klar gewesen sein, dass die Kluft
zwischen Geimpften und Genesenen einerseits und Noch-
nicht-Geimpften andererseits für gewisse gesellschaftliche

Spannungen sorgen könnte. Wer zuschauen muss, wie andere im Club Partys feiern, während man unverschuldet auf seinen Termin wartet, wird irgendwann bohrende Fragen an die Beschaffer des raren Vakzins stellen. Das wollte die Bundesregierung tunlichst vermeiden.

Zu berücksichtigen war dabei die verfassungsrechtliche Tatsache, dass Immunisierte auch nicht mehr mit breitflächigen Grundrechtsbeschränkungen bedacht werden durften. Wer andere nicht mehr anstecken kann, muss seine Freiheiten weitestgehend wiedererlangen. Man kann für eine Übergangszeit zwar kleinere Eingriffe rechtfertigen – wie das Tragen einer Maske in Bus und Bahn –, aber nicht mehr verfassungsrechtlich begründen, dass diese Immunisierten grundsätzlich kein Fitnessstudio, Kino und Restaurant aufsuchen, sich nicht mit anderen Geimpften privat treffen dürfen oder gar einer Ausgangssperre unterliegen. Wen sollten sie auch gefährden, wenn sie nicht mehr ansteckend sind?

Der Bundesregierung kam zunächst zupass, dass noch unklar war, ob Geimpfte und Genesene signifikant zum Infektionsgeschehen beitragen. So verlief die Debatte, die die Regierung Ende des Jahres 2020 begann, auch bar jeder verfassungsrechtlichen Erwägung. Jens Spahn argumentierte dementsprechend moralisch-pathetisch. Gegenüber der Funke-Mediengruppe sagte er: »Keiner sollte Sonderrechte einfordern, bis alle die Chance zur Impfung hatten.« Es sei diese gegenseitige Rücksicht, die die Nation zusammenhalte: »Gegen die Pandemie kämpfen wir gemeinsam – und wir werden sie nur gemeinsam überwinden.«[18]

Dass Spahn von »Sonderrechten« sprach, dabei aber die uneingeschränkten Grundrechte meinte, die jeder Mensch in Deutschland möglichst vollumfänglich haben sollte, war eine Unverschämtheit. Mit diesem Framing wurde der Wunsch nach schneller Rückkehr zur Normalität in den Bereich des Egoismus geschoben. Wer auf seinen verfassungsrechtlich garantierten Freiheitsanspruch hinweist, gilt in dieser Argumentation als unsolidarisch und selbstbezogen. Dass eine Bundesregierung so weit zu gehen bereit ist, eine moralische Entwertung von Grundrechten zu betreiben, hätte ich mir vor Corona nie vorstellen können.

Je häufiger sich Stimmen von Verfassungsrechtlern meldeten, die dieser Argumentation widersprachen,[19] umso mehr Anstrengungen musste die Bundesregierung unternehmen, um das Thema nicht zu groß werden zu lassen.

Einige Wochen später bat ich das Bundesgesundheitsministerium um die Beantwortung der Frage, wann vom Robert Koch-Institut eine entsprechende Einschätzung betreffend die Infektiosität von Geimpften und Genesenen zu erwarten sei. Die Antwort vom 16. März 2021 lautete:

> Eine Festlegung, ob eine Übertragung von SARS-CoV-2 durch geimpfte oder von dem Virus genesene Personen möglich ist, kann erst zum Zeitpunkt der Auswertung von diesbezüglichen aussagekräftigen wissenschaftlichen Studien erfolgen.[20]

Der Eindruck, der entstehen musste, war: Es liegen noch keine aussagekräftigen wissenschaftlichen Studien vor. Insofern konnte man weiterhin untätig bleiben. Das war überraschend, weil es in Deutschland nur wenige Wochen zuvor entsprechende Berichte über israelische Studienergebnisse gab – zum Beispiel bei focus.de.[21] Und es war auch deshalb überraschend, weil es die bisherige Argumentation der Bundesregierung bei der Impfverordnung konterkarierte: Hatte man diese nicht auch darauf ausgerichtet, zum Beispiel Kontaktpersonen von Schwangeren prioritär zu impfen, damit jene nicht aus dem direkten Umfeld angesteckt werden?

Wie dem auch sei: Viel Zeit blieb dem Robert Koch-Institut jedenfalls nicht, um sich auf dieser Antwort auszuruhen.

Denn am 22. März forderte die Runde der Regierungschefs von Bund und Ländern die Forscher auf, diese Frage schnell zu klären.[22] Wohlgemerkt, der Auftrag an das RKI wurde von einem Gremium erteilt, das dazu gar nicht befugt war. Trotzdem tat das Institut, wie ihm befohlen, und legte den trockenen Anderthalb-Seiten-Bericht am 31. März vor. Das lieblose Papier hinterließ nicht den Eindruck, als hätte man sich viel Mühe gegeben. Im Gegenteil: Es drängte sich eher die Frage auf, wie sorgfältig das Robert Koch-Institut grundsätzlich Studienergebnisse auswertet.

In diesem Schreiben erklärte man nun, eine Studie aus Israel habe erwiesen, dass keine signifikante Infektionsgefahr von Geimpften ausgehe. Dass man hier auf Untersuchungen abgestellt hat, die bereits am 8. Februar veröffentlicht wurden, zog weitere Fragen nach sich. Warum wusste focus.de mehrere Wochen vor dem RKI von dieser Studie? Oder hat das Institut fast zwei Monate benötigt, um die zwölf Seiten auszuwerten? Immerhin waren an die darin behandelte Frage erhebliche Grundrechtsbeschränkungen geknüpft. Auch das Robert Koch-Institut ist an unsere Verfassungsordnung gebunden und hat den gesetzlichen Auftrag, unverzüglich eine Klärung herbeizuführen – selbstständig, auch ohne Aufforderung durch Dritte.[23] Dagegen drängt sich der Eindruck auf, dass das RKI bei der Klärung einer entscheidenden grundrechtlichen Problematik absichtlich mehrere Wochen in Untätigkeit verharrte. Oder will man uns erklären, die versammelte Wissenschaftswelt, focus.de und damit die deutsche Öffentlichkeit wussten bereits seit Februar davon, das für diese Thematik maßgebliche deutsche Spitzeninstitut aber erst seit dem 31. März?

Wer nun glaubte, dass wenigstens für Geimpfte und Genesene damit die Rückkehr in die weitgehend unbeschränkte Freiheit geebnet wäre, hatte die Verfassungstreue der Bundesregierung überschätzt. Denn die Verzögerung ging weiter. Mit dem Einsetzen der Bundesnotbremse wurde keine direkte infektionsgesetzliche Grundlage für diese Menschen geschaffen, sondern nur eine Verordnungsermächtigung. Bis diese in Kraft treten sollte, würden noch einmal mehrere Wochen vergehen, so der Plan. Jens Spahn sagte nun, Ende Mai könne der Bundesrat final entscheiden.[24]

Vermutlich hat die Klage der FDP-Bundestagsabgeordneten gegen die Notbremse dann aber zu einem schlagartigen Umdenken geführt. Denn dass das Bundesverfassungsgericht wohl gegen eine fortgesetzte Benachteiligung von Geimpften und Genesenen votieren würde, dafür sprach ein Interview des Präsidenten Stephan Harbarth.[25] Es war aus verfassungsrechtlicher Sicht kaum zu erklären, dass zwischen der entscheidenden israelischen Studie und dem Ende der Beschränkungen für Geimpfte und Genesene fast vier Monate liegen sollten. Denn Grundrechtsbeschränkungen dürfen keinen einzigen Tag länger als nötig aufrechterhalten werden.

Die entsprechende Verordnung trat nun also bereits am 8. Mai 2021 in Kraft, nachdem sie in einem beispiellosen Verfahren durch den Bundestag und den Bundesrat gepeitscht wurde. Es ist jedoch fraglich, ob sie überhaupt rechtlich einwandfrei zustande gekommen ist. Denn für eine Verordnung benötigt man eine gesetzliche Grundlage. Diese bestand wohl auch aus Sicht der Regierungskoalitionen noch nicht im nötigen Umfang und sollte daher erst in derselben Sitzungswoche vom Gesetzgeber verabschiedet werden. Das Problem war also: Die Verordnung konnte sich noch gar nicht auf die neue gesetzliche Grundlage beziehen, weil diese ja gerade erst geschaffen wurde. So lasen wir in dem von Bundestag und Bundesrat beschlossenen Text dann, dass er sich auf die damals geltende Fassung des Infektionsschutzgesetzes vom 22. April bezog.[26] Die später im Bundesanzeiger veröffentlichte Verordnung wurde an dieser Stelle jedoch geändert. Plötzlich bezog sie sich auf die Fassung des Infektionsschutzgesetzes vom 7. Mai – also auf eine Rechtsgrundlage, die es zum Zeitpunkt der Beschlüsse des Bundestages und des Bundesrates noch nicht gab. Wer sich dazu aufgeschwungen hat, mit einem Federstrich in der Verordnung einfach Änderungen vorzunehmen, nachdem Bundestag und Bundesrat den Beschluss gefasst hatten, ist unklar.

Bei einem Kaninchenzüchterverein würde man eine nachträgliche Änderung an einem förmlichen Beschluss – zu Recht – niemals durchgehen lassen. Bei den wichtigsten Legislativorganen der Bundesrepublik, die auch prozedural Vorbildfunktion haben, aber schon?

Das Drama um Geimpfte und Genesene zeigt, dass die Bundesregierung ein taktisches Verhältnis zu Grundrechten hatte. Bei Schließungen und Lockdowns konnte es der Kanzlerin nie schnell genug gehen; da wurde im Hauruck-Verfahren alles möglich gemacht. Man brauchte nur wenige Tage, um schwerwiegende Grundrechtsbeschränkungen zu implementieren. Bei verfassungsrechtlich gebotenen Öffnungen für Geimpfte und Genesene zogen sich die Prozesse hingegen über Monate in die Länge – mit wechselnden Begründungen, absichtlicher Ignoranz und moralischem Schlechtreden freiheitlicher Wünsche. Und auch hier spielte das Robert Koch-Institut unter Lothar Wieler eine problematische Rolle. Es half, die regierungsamtlich gewollte Verzögerung mit der Kraft seines wissenschaftlichen Renommees zu flankieren. Der gesetzliche Auftrag des Institutes hatte in diesem Sinne wohl zurückzustehen.

Weil die Bundesregierung eine unangenehme Diskussion zwischen Immunisierten und Noch-nicht-Geimpften vermeiden wollte, ging sie bis an die Grenzen des Rechts- und Verfassungsstaates – und wahrscheinlich auch darüber hinaus. Lieber wollte sie über einen längeren Zeitraum alle Menschen benachteiligen, als einem beständig wachsenden Teil die Ausübung seiner unbeschränkten verfassungsmäßigen Rechte zu ermöglichen.

Die »Osterruhe« und ihre fatalen Folgen

In den frühen Morgenstunden des 23. März 2021 traten Bundeskanzlerin Merkel, der Regierende Bürgermeister Berlins Müller und Bayerns Ministerpräsident Söder vor die Presse, um nach einem 15-stündigen Sitzungsmarathon, inklusive sechs Stunden Pause, die Ergebnisse des Corona-Spitzentreffens zu verkünden. Die Länderchefs und die Kanzlerin hatten sich so sehr ineinander verhakt, dass während des Treffens unklar war, ob es überhaupt Ergebnisse geben würde. Angela Merkel zeigte sich offensichtlich von der großen Sorge getrieben, dass man auseinandergehe, ohne ein greifbares, hartes Signal an die Öffentlichkeit auszusenden. Man bekam den fatalen Eindruck: Nur um dieses ging es ihr mittlerweile – und nicht mehr darum, ob die ergriffene Maßnahme auch die gewünschte Wirkung haben würde.

Im Verlaufe des Treffens wartete dann das Kanzleramt mit der kühnen Idee auf, die folgenden Ostertage für einen sehr harten Lockdown zu nutzen. Hierzu sollten der Gründonnerstag und der Ostersamstag »zusätzlich einmalig als Ruhetage definiert werden«,[27] sodass man über fünf aufeinanderfolgende Tage weitgehende Kontaktbeschränkungen erlassen konnte. Am Samstag, so die spätere Einigung, dürfe man allenfalls noch einkaufen.

Der Wunsch der Bundeskanzlerin nach diesem politischen Symbol war so groß, dass man ernsthaft zu prüfen versäumt hatte, ob eine derartige Maßnahme rechtlich überhaupt durchführbar ist. Über das Infektionsschutzgesetz ließ sich eine Arbeitsruhe jedenfalls nicht anordnen. Und für die schnelle Einführung von einmaligen Feiertagen hätten gleich mehrere Landesparlamente in Eile zusammentreten müssen, weil die Feiertagseinführung in einigen Ländern per Verordnung gar nicht möglich ist. Dafür war aber keine Zeit. Ostern stand in wenigen Tagen vor der Tür.

Zum damaligen Zeitpunkt konnte man noch nicht einmal ansatzweise erahnen, dass die Kanzlerin mit dieser Entscheidung einen Schneeball ins Rollen gebracht hatte, der sich für die gesamte Bundesregierung innerhalb kurzer Zeit zu einer Lawine der Peinlichkeit entwickeln sollte.

Zunächst führen wir uns vor Augen, was die Ankündigung im Kanzleramt und in den anderen beteiligten Ministerien ausgelöst haben muss. Schnell dürfte den Spitzenbeamten klar gewesen sein, dass eine solche Osterruhe auch Auswirkungen auf die Lieferketten und die allgemeine Versorgungslage – ausgerechnet zu Ostern – haben würde. Einige Angestellte liefen Gefahr, den Anspruch auf Kurzarbeitergeld zu verlieren, wenn die ausgefallenen Tage plötzlich als Feiertage gegolten hätten. Man hätte Produktionsstätten abrupt herunterfahren, Arbeitnehmern Anspruch auf Feiertagszuschläge gewähren und wichtige Termine verschieben müssen. Die Behörden wären mit Anträgen auf Ausnahmen von der Arbeitsruhe überflutet worden. An das Landwirtschaftsministerium wandten sich wütende Bauern, weil der Gründonnerstag als umsatzstärkster Markttag des Jahres einfach gestrichen werden sollte.[28] Und so weiter. Kurzum, diese fixe Idee zog einen nicht enden wollenden Rattenschwanz nach sich. Es ging also hinten und vorne nicht.

Die Kanzlerin und ihr Minister Helge Braun mussten die Reißleine ziehen, und zwar schnell: Am 24. März gestand sie in einer noch nie gesehenen Demut öffentlich ihren Fehler ein. Die Frage blieb: Wenn die als dringend notwendig erachtete Osterruhe jetzt doch nicht kommt, was sollte stattdessen unternommen werden, um drohendes Unheil abzuwenden? Angela Merkel musste schließlich in der Logik bleiben, dass es einer besonderen, harten Maßnahme bedurfte, um das Infektionsgeschehen in den Griff zu bekommen.

Bei Anne Will erklärte sie drei Tage später, sie wolle sich das Treiben einiger Ministerpräsidenten nicht mehr zwei Wochen lang tatenlos anschauen. Ob sie genau wusste, was sie da sagte, bleibt unklar, denn zunächst passierte erst einmal: nichts.

Kurz vor Ablauf dieser 14 Tage brach jedoch Hektik aus. Die Bundesregierung legte plötzlich einen eilig zusammengeschusterten Entwurf zur Änderung des Infektionsschutzgesetzes vor, der es in sich hatte. Ab einer Wochen-Inzidenz von 100 pro 100 000 Einwohner sollten die Länder infektionsrechtlich weitgehend entmachtet werden. In der »Formulierungshilfe« der Bundesregierung erklärte man recht unverblümt, dass es zum großen Teil um Symbolpolitik ging. In den Erläuterungen lasen wir:

> Die Intensität der Maßnahmen trägt in diesem Konzept gerade zu ihrer Verhältnismäßigkeit bei, weil nicht das Ziel einer dauerhaften Modellierung des Geschehens, sondern einer möglichst zeitnahen Rückkehr zu Zuständen mit möglichst wenigen Einschränkungen verfolgt wird. Mitentscheidend hierfür ist auch die Gesamtsignalwirkung der Maßnahmen.[29]

Mit anderen Worten: Die Verhältnismäßigkeit ergibt sich aus der Menge einzelner Maßnahmen, die individuell betrachtet durchaus unverhältnismäßig sein können. Weil es aber viele sind, seien sie in der Summe verhältnismäßig. Man unternahm kaum mehr den Versuch, infektiologisch zu argumentieren oder Anti-Corona-Maßnahmen mit einem Mindestmaß an Präzision anzusetzen. Härte war das Verhältnismäßig-keitsargument. Dass die Härte der Maßnahmen bislang nicht ausgereicht hatte, um das Infektionsgeschehen zu beeinflussen, obwohl das zum Beispiel im November und Dezember vorher immer wieder betont worden war, darauf ging man gar nicht ein. Schließlich konnte man nicht wissen, welche Lockdown-Maßnahme wie gewirkt hatte – oder ob sie überhaupt gewirkt hatten. Noch einmal ging es also um ein Symbol, nicht um eine wirkliche Problemlösung. Dass für dieses Zeichen ein ordentlicher Gesetzgebungsprozess in Gang gesetzt wurde, der schwere Grundrechtseingriffe zur Folge hatte, kann man nicht mehr verteidigen. Es ging der Bundesregierung ab diesem Zeitpunkt um die gesetzliche Abschirmung der eigenen Hilf- und Planlosigkeit. Das Bild von der Politik wurde wichtiger als ihr Erfolg.

Um mein hartes Urteil besser einzuordnen: In der Anfangszeit der Pandemie war es verständlich und nachvollziehbar, wenn man bei einer diffusen Informationslage auch nur diffuse Maßnahmen ergreifen konnte. Nach über einem Jahr durfte man sich aber nicht mehr auf Unwissenheit berufen. Es wäre die Pflicht der staatlichen Organe gewesen, eigenständig für Aufklärung zu sorgen, um die Eingriffe in Grundrechte so schonend wie möglich zu gestalten. Dies hatte man aber seit Beginn der Pandemie vollständig versäumt. So erkannte auch das Oberverwaltungsgericht Lüneburg in einer Entscheidung im Februar 2021 deutlich:

Es ist mehr als unbefriedigend, dass das RKI nach inzwischen einem Jahr Dauer der Pandemie lediglich einen Bruchteil der Infektionen bestimmten Lebensbereichen zuordnen kann […]. Aus diesem Grunde sind gezielte Schutzmaßnahmen weiterhin kaum möglich, und es müssen breitflächige Schließungen und Kontaktverbote angeordnet werden, die erhebliche Grundrechtseingriffe und zunehmende Akzeptanzprobleme zur Folge haben.[30]

Um das fast zweiwöchige untätige Zögern der Kanzlerin zu kompensieren, drängten die Regierungsparteien von Union und SPD plötzlich bei anderen auf Eile. Nun forderte man ein beschleunigtes parlamentarisches Verfahren, damit die Änderung des Infektionsschutzgesetzes schnell auf den Weg gebracht werden konnte. Dieses Verfahren hätte einer Zwei-Drittel-Mehrheit, also auch der Zustimmung der Freien Demokraten, bedurft. Meine Fraktion sah aber keinen Grund, hier in besondere Hektik zu verfallen, denn ein rechtsfreier Raum war nicht zu befürchten. Die Länder hatten bis zur Verabschiedung weiter die infektionsschutzrechtliche Verantwortung. Außerdem konnte man die zweite und dritte Lesung des Gesetzes auch gut in der darauffolgenden Woche durchführen – mit einer sauberen Beratung und einer Expertenanhörung, um mögliche Fehler noch abzuräumen.

Der Vorsitzende der Unionsfraktion im Deutschen Bundestag, Ralph Brinkhaus, warf der FDP deshalb »politische Profilierung auf Kosten von Kranken und Toten« vor.[31] Denn: »Alle Argumente liegen seit Monaten auf dem Tisch, alle Maßnahmen sind bewertet.«[32] Um es mit Shakespeare zu sagen: Ralph Brinkhaus ist ein ehrenwerter Mann.

Insofern war seine letztere Behauptung auch wohl nicht so ganz korrekt. Es offenbarte sich nämlich, dass es innerhalb der Koalition erheblichen Diskussionsbedarf gab. Erst kurz vor der entscheidenden Ausschusssitzung in der darauffolgenden Woche brachten die Koalitionäre ihren geeinten Änderungsantrag ein. Die nächtliche Ausgangssperre war allerdings noch enthalten, jetzt in etwas abgeschwächter Form.

Deren konkrete Formulierung bereitete der Bundesregierung später einigen Ärger. Auf meine Anfrage bestätigten die Wissenschaftlichen Dienste des Deutschen Bundestages, dass es auf dieser gesetzlichen Grundlage verboten war, ein 100er-Inzidenzgebiet nach 22 Uhr überhaupt zu durchqueren, selbst auf der Autobahn oder mit dem Zug. Schleswig-Holstein wäre demnach vom übrigen Bundesgebiet abgekoppelt worden, weil Hamburg als Hochinzidenzregion eine Durchreise unmöglich machte. Nicht einmal mit einem Flugzeug hätte man Thüringen überfliegen dürfen – wegen der angeblichen Ansteckungsgefahr.[33] Auf meine spätere Frage an die Bundesregierung, welche Vorbereitungen man getroffen habe, um dieses gesetzliche Durchquerungsverbot in der Deutschen Bahn zu kontrollieren, erklärte sie sich interessanterweise für nicht zuständig. Und zu meiner Überraschung hieß es in derselben Antwort, dass bei Durchquerungen von Hochinzidenzgebieten »gerade keine erhöhte Infektionsgefahr«[34] bestehe. Mit dieser Logik wäre eine Ausgangssperre per se Unsinn.

Trotzdem hielten die Koalitionäre an der nächtlichen Ausgangssperre fest und begründeten dies mit einer Meta-Studie aus Oxford. Dumm nur: Selbst die an der Studie beteiligten Wissenschaftler verneinten, dass diese Ergebnisse auf Deutschland übertragen werden konnten.[35] Auch diese »Argumentation« von Union und SPD lief ungebremst gegen die Wand.

Der eigentliche Grund für die nächtlichen Beschränkungen war ja, zu verhindern, dass man sich nachts verbotenerweise mit anderen Menschen trifft. Deshalb fragte ich auch hier: Wie hoch war der Anteil der Menschen, die sich vorher nicht an die nächtliche Kontaktbeschränkung gehalten hatten? Antwort: »Der Bundesregierung liegen hierzu keine Erkenntnisse vor.«[36]

Wer immer daran geglaubt hatte, die Bundesregierung ginge planvoll und mit Bedacht vor, der muss sich spätestens im Zusammenhang mit der Notbremse verwundert die

Augen gerieben haben. Tatsächlich wusste sie nicht viel, behauptete aber oft das Gegenteil und verlangte den Bundesbürgern dafür viel ab. Die Kompensation für das Nichtwissen der Bundesregierung mussten die Menschen dieses Landes leisten – mit dem Verzicht auf ihre Freiheiten.

Doch damit nicht genug: In den Tagen nach dem Inkrafttreten hatten die Verfechter der Bundesnotbremse eine Menge zu tun, jeden Pandemieerfolg mit dieser Maßnahme in Verbindung zu bringen. Auf Teufel komm' raus.

Die Deutsche Interdisziplinäre Vereinigung für Intensiv- und Notfallmedizin (DIVI) machte den peinlichen Anfang. Hatte die DIVI zuvor stets erklärt, Lockdown-Maßnahmen seien erst nach zwei bis drei Wochen sichtbar,[37] schrieb man nun am 28. April 2021 auf Twitter: »Die heutigen Zahlen lassen hoffen, dass die Maßnahmen der Notbremse greifen.«[38] Die Notbremse war zu diesem Zeitpunkt erst fünf Tage in Kraft.

Kurze Zeit später erklärte auch Kanzleramtsminister Helge Braun, die Inzidenzwerte würden nun dank der Notbremse in ganz Deutschland wieder sinken.[39] Zu diesem Zeitpunkt war die Regelung gerade zwölf Tage alt.

Solche Einlassungen sind erschütternd. Wer auf diese Weise mit Fakten umgeht, wer sich die Wirklichkeit strickt, wie es am besten passt, wer Menschen so dreist für dumm verkaufen will, der zerstört das Vertrauen in den öffentlichen Diskurs als Grundlage unserer Freiheitsordnung. Es ist schon schlimm genug, dass die DIVI oder Helge Braun sich so wenig um ihr Renommee scheren. Mit derlei Behauptungen richten sie aber insgesamt einen noch deutlich größeren Schaden an: Denn so wird die Auseinandersetzung über die bessere Corona-Politik zu einer Glaubensfrage, weil es dann nicht mehr auf das am besten begründete Argument, sondern auf die ungenierteste Behauptung ankommt.

Wäre die Bundesnotbremse tatsächlich ein sinnvolles und erfolgreiches Instrument gewesen, dann müsste sie geradezu Zauberkräfte entwickelt haben. Denn in den europäischen Nachbarländern wie der Schweiz, Österreich oder Polen sanken die Zahlen fast identisch wie in Deutschland. Auch wenn es vorher von prominenter Stelle verneint wurde:[40] Der saisonale Effekt zeigte Wirkung, das Gesetz und andere Lockdown-Maßnahmen kaum.[41] Selbst das liberale Schweden, das nie eine Maskenpflicht hatte, kam seit August 2020 auf die gleichen, ab Februar 2021 sogar auf niedrigere Todeszahlen als Deutschland.[42] Eine bittere Bilanz der gesamten Corona-Politik von Angela Merkel.

Im Nachhinein konnte man den Eindruck gewinnen, dass die Zahlen für die Bundesregierung eine Woche zu früh gefallen waren. Hätte die FDP nicht auf ein ordentliches parlamentarisches Verfahren gepocht, wären die fallenden Inzidenzen leichter mit der Wirkung der Notbremse in Verbindung zu bringen gewesen. Ob die Bundesregierung auf diese zeitliche Korrelation abgezielt hatte, um die Absenkung der Infektionszahlen als Erfolg der eingesetzten Maßnahmen zu verkaufen, bleibt im Bereich des Spekulativen.

Die Regelung brachte am Ende mehr Schaden als Nutzen: Vernünftige Modellprojekte, wie etwa in Tübingen, mussten deswegen aufgegeben werden.[43] Auf der Insel Helgoland wurden die Menschen bei einer Nullinzidenz nachts eingesperrt, weil der zugehörige Kreis Pinneberg über der 100 lag.[44] Und in Kaiserslautern griff die Notbremse nur deshalb, weil das RKI infizierte US-Amerikaner bei den Corona-Zahlen mit einbezog, bei den allgemeinen Einwohnerzahlen aber nicht.[45]

Und auch der Föderalismus wurde in Mitleidenschaft gezogen. Die grobschlächtige Notbremse zerschmetterte die über Monate fein ziselierten Regelungen der Bundesländer und griff überdies tief in deren Kultushoheit ein. Sachsen-Anhalts Ministerpräsident Reiner Haseloff bezeichnete das Gesetz daher auch richtigerweise als »Tiefpunkt in der föderalen Kultur der Bundesrepublik«.[46]

All dies geschah, weil die Kanzlerin unbedingt vermeiden wollte, dass die Runde der Regierungschefs einmal ohne ein konkretes Ergebnis auseinandergeht. Und weil sie partout nicht von der Logik lassen wollte, die im Verbieten und Einschränken einen Selbstzweck sah.

6 Das Staatsversagen

Versagen bei der Impfstoffbeschaffung

Das Bundesgesundheitsministerium hatte rechtzeitig darauf gedrängt, mehr Verantwortung in der Pandemie übertragen zu bekommen. In der Novelle des Infektionsschutzgesetzes vom März 2020 wurde die Behörde deshalb auch in Paragraph 5 ermächtigt, »Maßnahmen zur Sicherstellung der Versorgung mit Arzneimitteln einschließlich Impfstoffen und Betäubungsmitteln, mit Medizinprodukten, Labordiagnostik, Hilfsmitteln, Gegenständen der persönlichen Schutzausrüstung und Produkten zur Desinfektion sowie zur Sicherstellung der Versorgung mit Wirk-, Ausgangs- und Hilfsstoffen, Materialien, Behältnissen und Verpackungsmaterialien, die zur Herstellung und zum Transport der zuvor genannten Produkte erforderlich sind, zu treffen«.

Eine Fülle von Aufgaben also – und eine große Verantwortung. Insgesamt wurden weit über 1 000 spezialgesetzliche Paragraphen von dieser Verordnungsermächtigung verdrängt. Im Nachhinein wird wohl nicht einmal Jens Spahn behaupten, dass seinem Haus bei der Bewältigung dieser Aufgaben übermäßig viel geglückt ist.

Doch bleiben wir fair: Selbstverständlich handelt es sich bei der Eindämmung einer Pandemie um eine Aufgabe, bei der zwangsläufig Überforderungssituationen auftreten, bei der einiges schiefläuft und bei der die Lernkurve naturgemäß steil ist. Niemand kann vorher auch nur ansatzweise ermessen, welche Widrigkeiten im Wege stehen werden und welche Umwege man am Ende gehen muss. Hilfreich ist aber, einen Fehler kein zweites Mal zu begehen, Wichtiges von Unwichtigem zu trennen und über den eigenen Tellerrand zu schauen. Hätte Jens Spahn wenigstens diese Prinzipien beherzigt, wäre Deutschland wohl besser durch die Pandemie gekommen.

Fraglos, bei der Impfstoffbeschaffung war er zunächst auf einem sehr guten Weg. Er hatte mit seinen Amtskollegen aus den Niederlanden, Italien und Frankreich bereits frühzeitig vielversprechende Gespräche mit Pharmakonzernen aufgenommen, um genug Vakzine für alle Europäer zu organisieren. Die frühe Planung hätte es auch den Unternehmen ermöglicht, entsprechende Kapazitäten verlässlicher aufzubauen, um die Impfstoffe möglichst schnell und flächendeckend zu verteilen.

Doch die wirklich gute Tat wurde unterlaufen. Ursula von der Leyen schaltete sich ein, weil sie offenbar nicht am Spielfeldrand stehen wollte – und zwar, nachdem der erste Vorvertrag über 400 Millionen Impfdosen mit AstraZeneca schon stand. Spahn und seine Amtskollegen wurden nun auch von der Kanzlerin gedrängt, in einem Schreiben an die deutsche EU-Kommissionspräsidentin mit möglichst unterwürfigem Ton klarzumachen, dass von der Leyen die Hosen anhabe.[1] Deutschland nehme als Vorsitzland im Rat der Europäischen Union eine Vorbildrolle ein, so die Argumentation. Alleingänge seien nicht hilfreich. Das Schreiben wurde also wie befohlen aufgesetzt. Das Unheil nahm seinen Lauf.

Nun kann man sich schon die Frage stellen, wie man darauf gekommen ist, dass ausgerechnet Ursula von der Leyen die bessere Impfstoffbeschafferin sein könnte. Schließlich hatte sie es bereits als Verteidigungsministerin nicht geschafft, die Materialbeschaffung für die Bundeswehr halbwegs professionell zu verwalten. Von der Leyen ist eigentlich für ihren unbändigen Drang zur Symbolpolitik und zu schönen Bildern bekannt, die sie selbst in hellem Glanz erscheinen lassen. Sie ist eher weniger bekannt für sinnvolle Politik, die den Menschen etwas bringt. Dies zeigte auch der spätere Umgang mit dem sogenannten »Sofa-Gate«, bei dem sie sich noch Wochen später öffentlich über den türkischen Staatspräsidenten Erdogan echauffierte, der ihr die Schmach ihres Lebens »als Frau und als Europäerin« bereitete, als sie nicht neben ihm auf dem Stuhl Platz nehmen durfte.[2] Die symbolische Herabsetzung traf sie offensichtlich tiefer als alles andere. Den Elan, den sie bei der öffentlichen Zurschaustellung ihrer Kränkung an den Tag legte, hätte man sich einige Monate zuvor bei der Beschaffung des lebensrettenden Impfstoffes durchaus gewünscht.

Doch zurück zu Spahn: Rechtlich blieb er für die Beschaffung des Impfstoffes in Deutschland verantwortlich.[3] Er konnte sich dieser Verantwortung aus Paragraph 5 des Infektionsschutzgesetzes nicht entziehen, weil Angela Merkel meinte, die EU-Kommission solle das Problem lösen. Die Bundeskanzlerin darf dankenswerterweise keine Gesetze *par ordre du mufti* außer Kraft setzen. Doch spätestens jetzt hätte Spahn für sich die Reißleine ziehen müssen. Weil er nun seiner Aufgabe selbst nicht mehr nachkommen konnte, sondern eine Dritte zur Erledigung erkoren wurde, lag sein politisches Schicksal in den Händen der Kommissionspräsidentin. Im Sommer 2020 musste ihm klar gewesen sein: Von der Leyens Scheitern in dieser Frage würde am Ende auf ihn zurückfallen. Und wäre sie wider Erwarten erfolgreich, stünde sie als die Retterin da, die Europa im Alleingang wieder ins Licht geholt hat. Er konnte nicht gewinnen.

Es kam, wie es kommen musste. Deutschlands Start in die Impfkampagne verlief derartig schlecht, dass wir uns mit Blick auf Geschwindigkeit und Effizienz nicht nur hinter den großen Industrienationen einreihen durften, sondern auch hinter Staaten, deren Einwohner sicher kaum gedacht hätten, dass sie bei einer Angelegenheit von solcher Tragweite einmal erfolgreicher sein könnten als die hochorganisierten Deutschen – wie etwa Bhutan, die Mongolei oder Chile. Spahn war derjenige, den auch die Bundesbürger zuerst für diese Misere verantwortlich machten. Und noch schlimmer für ihn: Jeder Zweite, der ihm die Verantwortung für die Impfmisere zuschrieb, war auch der Meinung, er solle zurücktreten.[4] Diese Ansicht vertrat auch ich. Denn wäre es ihm um die Sache gegangen, hätte er seinen Rücktritt einreichen müssen, als ihm die Kanzlerin die Impfstoffbeschaffung aus der Hand geschlagen hat.

So hatte mit dem Impfstoffdebakel das Scheitern des Bundesgesundheitsministers seinen vorläufigen Gipfel erreicht – neben den dramatischen Fehlern bei der Masken- und Testbeschaffung sowie beim Schutz der vulnerablen Gruppen. Wenn man den Menschen zuvor erklärt, die Impfung sei der einzige Weg in die unbeschwerte Freiheit, dann kann man ihnen nicht verdenken, dass sie angesichts dieser politischen Wurstigkeit, die dem Ernst der Lage völlig unangemessen ist, ungehalten werden.

Es war ja nicht die Abwägung zwischen einem »nationalen Alleingang« und einem »europäischen Weg« – so, wie es viele politische Entscheidungsträger später erzählten. Denn Spahn wollte ja ausdrücklich einen europäischen Weg gehen. Am Ende hat sich die Bundeskanzlerin bei der Abwägung zwischen dem »europäischen Weg« Spahns und dem »Weg von der Leyens« für letzteren entschieden. Ein fataler Fehler, der – trotz eines niedrigen Einkaufspreises – insgesamt nicht einmal finanziell günstiger war,[5] zusätzlich aber viele Menschen das Leben gekostet hat, weil die später erfolgte Verimpfung eine raschere Immunisierung großer Teile der Bevölkerung verhinderte. Und natürlich ging die Verzögerung ebenfalls zulasten der Freiheit für alle. Die Deutschen blickten jetzt mit großem Neid nach Israel, wo etwa die Außengastronomie und die Fitnessstudios wieder öffneten. Dort hatte man viel Geld in die Hand genommen, um wieder frei zu sein. Insgesamt zeigte sich: Es waren Staatsmänner wie Benjamin Netanjahu, Donald Trump und Boris Johnson, die uns vorlebten, wie man beherzt und mutig aus der Krise kommen kann – wenn man die richtigen Prioritäten setzt. Ausgerechnet die angelsächsischen Kollegen, die hierzulande als verantwortungslose Hallodris gelten, demonstrierten der Bundeskanzlerin nun, welchen Weg man einschlagen muss, um zur Normalität zurückzukehren. Viele Briten waren heilfroh, dass sie rechtzeitig der Europäischen Union den Rücken gekehrt hatten. Denn der »deutsche Weg«, den Ursula von der Leyen der EU verordnete, setzte in erster Linie auf einen möglichst billigen Impfstoff. Er sparte aber auch die Freiheit aus.

Die brutale Vernachlässigung der Alten

Sehr schnell war aus den Daten, die wir aus China übermittelt bekamen, herauszulesen: Das Virus ist extrem altersdiskriminierend. Doch in Deutschland wurde mit dieser Tatsache zunächst nicht überall mit der gebotenen Ernsthaftigkeit umgegangen. So sah das grimmepreisgekrönte Browser Ballett im März 2020 hierin einen guten Anlass für ein rundfunkbeitragsfinanziertes Satirestück. In einem Video wurde auf die generationengerechte »Fairness« des neuartigen Corona-Virus abgestellt: »Interessant hier, wie fair dieses Virus ist: Es rafft die Alten dahin, aber die Jungen überstehen die Infektion nahezu mühelos.« Das sei nur gerecht. Denn: »Immerhin hat die Generation 65plus diesen Planeten in den letzten 50 Jahren voll an die Wand gefahren.«[6]

Wer erlebt hat, wie viel Leid vor allem die Ältesten in den darauffolgenden Monaten ertragen mussten, darf sich angesichts dieser »fröhlich-humoristischen« Einlage mit einigem Recht fragen, ob seine Rundfunkgebühren noch gut verwaltet werden.

Es war nicht nur das furchtbare Schicksal der Isolation in den Alten- und Pflegeheimen oder dass Sterbende sich nicht mehr von ihren Angehörigen verabschieden konnten. Schlimmer war noch, dass der Gefährdung dieser Einrichtungen über einen langen Zeitraum politisch kaum entgegengewirkt wurde. Die Bundesregierung ließ über Monate zu leichtfertig das Virus in diesen Häusern grassieren. Es war erschütternd.

Im Mai 2020 machte ich bei Anne Will auf diese Problematik aufmerksam. Ich forderte von der Bundesregierung, dass die Heime mithilfe einer konzentrierten Teststrategie und weitergehender Maßnahmen einen besonderen Schutz erhalten müssten, um zu verhindern, dass das Virus dort eingeschleppt wird.

Passiert ist dann lange nichts – nicht einmal ein Beschluss der Bund-Länder-Runde, der sich dieses Themas angenommen hätte. Es ging dort bis Ende 2020 stattdessen immer darum, welche Schließungen und Einschränkungen für alle durchgesetzt werden sollten, und nicht um eine wirkliche, nach konkreten Risiken ausdifferenzierte Pandemiestrategie. Das war angesichts der dramatischen Zahlen verwunderlich und zugleich verstörend: Denn rund die Hälfte der an Covid-19 Verstorbenen kam bis März 2021 aus den Altenheimen.[7] Daten aus Hessen zeigten, dass Menschen in diesen Einrichtungen ein 50-mal höheres Todesrisiko hatten als ihre Altersgenossen, die außerhalb wohnten.[8]

Nach der Schalte im Dezember 2020 lasen wir dann im Beschluss der Regierungschefs von Bund und Ländern das erste Mal – wohlgemerkt nach einem Dreivierteljahr Pandemie:

> Für Alten- und Pflegeheime sowie mobile Pflegedienste sind besondere Schutzmaßnahmen zu treffen. Der Bund unterstützt diese mit medizinischen Schutzmasken und durch die Übernahme der Kosten für Antigen-Schnelltests. Neben dem Tragen einer FFP2-Maske ist in der aktuellen Phase hoher Inzidenz fast im ganzen Bundesgebiet das Testen des Pflegepersonals wichtig. Die Länder werden zudem eine verpflichtende Testung mehrmals pro Woche für das Personal in den Alten- und Pflegeeinrichtungen anordnen. Solche regelmäßigen Tests sind ebenso für das Personal in mobilen Pflegediensten angezeigt.[9]

Erst im Januar kam dann die Amtshilfe der Bundeswehr in den Heimen auf Touren, weil das Angebot der Bundesregierung vorher unklar war und die Kommunen Angst hatten, auf den Kosten sitzen zu bleiben.[10] Begleitet wurde dies von befremdlichen Worten seitens der Kanzlerin. Angela Merkel sagte jener Tage gegenüber Studenten, dass es zwei Schulen in der Pandemiebekämpfung gebe. Die eine möchte alte Menschen »wegsperren«, damit der Rest der Gesellschaft ungestört weiterleben könne. Die andere wolle dagegen alles tun, um die Infektionszahlen zu senken und so die alten Leute zu schützen.[11] Wenig überraschend war es diese Seite, auf der sie stand. Die erste Schule – so durfte man vermuten – wurde wohl repräsentiert von den Wissenschaftlern um Jonas Schmidt-Chanasit und Hendrik Streeck, die zweite von Christian Drosten.

Diese Art der Diskreditierung war und ist einer Kanzlerin unwürdig. Denn niemand hätte eine solche rücksichtslose und menschenverachtende Forderung jemals erhoben. Vielmehr ging es Streeck & Co. darum, den Schutz der Älteren durch eine klare Strategie zu verbessern, ihnen dabei aber gleichzeitig wieder kontrollierte Freiheit zu bieten. Das »Wegsperren«, das die Kanzlerin als moralisch verwerflich anprangerte, war eigentlich ein Resultat ihres eigenen Nichtstuns in den Altenheimen. Denn im Verlauf der bisherigen Kanzlerinnenstrategie wurde monatelang eben nicht regelhaft getestet und damit verhindert, dass ein klares Bild von den Infektionsgefahren vor Ort gezeichnet und das Virus bestmöglich aus den Heimen herausgehalten werden konnte.

Der »Lockdown light«, der eigentlich das Pandemiegeschehen bremsen sollte, war gerade für die schutzbedürftigen Gruppen völlig wirkungslos. Im Gegenteil: Gerade bei der Alterskohorte 85plus stieg die Zahl der Infizierten steil an.

Der Mediziner Matthias Schrappe, der sich mit einigen Fachkollegen über die offiziellen Zahlen beugte, forderte im Januar 2021 deshalb einen Strategiewechsel. Der Lockdown bringe gerade bei diesen Menschen überhaupt nichts, da sie »oft immobil oder in Institutionen untergebracht [sind], in denen ihre Mobilität durch Schließungen und Ausgangsbestimmungen sowieso schon stark eingeschränkt ist«.[12]

Das Kanzleramt zeigte sich an diesen Erkenntnissen offensichtlich wenig interessiert. Denn was nun folgte, waren weitere Monate des Lockdowns, begleitet von amtlichen Durchhalteparolen und dramatischen Folgeschäden. Dass es auch bei der Freiheit für immunisierte Heimbewohner später keine klare Linie der Bundesregierung gab und die geimpften Alten in den Heimen über viele Wochen weiterhin unnötig – und sicher rechtswidrig – mit Beschränkungen belegt wurden,[13] ist unverzeihlich.

Am Ende zeigte sich, dass nicht das Virus für das Wegsperren der Heimbewohner verantwortlich war, sondern die Bundesregierung. Schwere individuelle Leidensschicksale wurden in großer Zahl in Kauf genommen, weil man im Kanzleramt stur auf die allgemeinen Infektionszahlen starrte und den stumpfen Lockdown als das einzige Pandemiebekämpfungsmittel erachtete. Die kalte Undifferenziertheit in der Datenbetrachtung zerstörte nicht nur Freiheiten in Hülle und Fülle. Viel schlimmer: Es riss tiefe Löcher in die Herzen vieler Heimbewohner und ihrer Angehörigen. Manche sahen sich wegen der behördlichen Unterlassungen nie mehr wieder.

Die brutale Vernachlässigung der Jungen

Bereits im März 2020 berichteten deutsche Medien von einem dramatischen Anstieg der häuslichen Gewalt in der damaligen Corona-Hochburg Wuhan, China.[14] Der Lockdown, die Perspektivlosigkeit und die Enge in den Wohnungen führten zu schrecklichen Szenen innerhalb der Familien. Selbstverständlich mussten wir damit rechnen, dass diese Entwicklungen in Deutschland ähnlich verliefen, würde man hierzulande vergleichbar harte Eindämmungsmaßnahmen implementieren. In der unmittelbaren Risikoauseinandersetzung und unter dem Eindruck von entsprechenden virologischen Ratschlägen war die erste Reaktion aber dennoch, Schulen und Kitas erst einmal zu schließen, um etwas Zeit zu gewinnen.

In den kommenden Wochen und Monaten wurde immer wieder das Bild transportiert, Kinder seien mindestens ebenso große Virenschleudern wie Erwachsene und daher Pandemietreiber. Schulen und Kitas würden massiv zum Infektionsgeschehen beitragen. Das Narrativ, das das Bundesinnenministerium mit dem bereits beschriebenen Angst-Papier skizzierte, schien jetzt zum tragenden Element in der politischen Kommunikation der Bundesregierung zu werden. Von Kindern gehe eine massive epidemiologische Gefahr für die gesamte Gesellschaft aus. Tatsächlich war diese Erkenntnis zunächst wissenschaftlicher Konsens. Erst im Laufe der folgenden Monate differenzierte sich die Perspektive.

Das Infektionsgeschehen ließ in Deutschland zum Glück schon im April wieder schrittweise Öffnungen der Kitas und Schulen zu. Ab dann wurde es allerdings problematisch: Deutschlands Bildungspolitik machte es sich über die Sommermonate 2020 bequem. Man kam ja glimpflich durch die erste Welle, so der Gedanke. Was sollte also schiefgehen?

Die Anschaffung von Luftfiltern für die Klassenräume blieb weitestgehend aus. Pragmatische Ansätze, wie ein selbstgebautes, nur 200 Euro teures Luftreinigungssystem aus einfachen Baumarktmaterialien, das die Max-Planck-Gesellschaft entwickelt hat,[15] wurden kaum beachtet. Der Digitalpakt Schule, der eine bessere Ausstattung zum Ziel hatte, blieb zunächst fast unangetastet. Bis zum Ende der Sommerferien riefen die Bundesländer insgesamt nur 0,4 Prozent der zur Verfügung gestellten fünf Milliarden Euro ab – kein einziger Cent etwa von den Ländern Berlin, Bayern und Sachsen.[16]

So viel national-überhebliche Selbstzufriedenheit leitete andere Länder offenbar nicht. Die Spanier beispielsweise hatten sich recht früh von der virologischen Kommunikationsdominanz gelöst und mehr auf die Kinderärzte gehört. Präsenzunterricht sei durch nichts zu ersetzen, hieß es dort. Deshalb sah man es als eine der wichtigsten gesellschaftlichen Aufgaben an, die Kinder auch bei hohen Inzidenzen wieder in die Schulen zu lassen. Sicherheitsabstände wurden gemessen, Wegesysteme in den Gebäuden festgelegt, strikte Hygieneregeln erarbeitet und für 1,6 Milliarden Euro zusätzliches Personal eingestellt.[17] Auch in der Schweiz hatte man sich sehr früh darauf verständigt, dass die Kindergärten und Schulen Corona-fit gemacht werden müssen. Schließungen sollten auch dort nicht mehr stattfinden – und dieses Versprechen löste man ein.[18]

Verbunden wurde dies bei unseren europäischen Freunden beispielsweise nicht nur mit dem pädagogischen Ziel der Gewährleistung von Bildungschancen, sondern auch mit einem epidemiologischen: Über die Schulen sei es möglich, Ausbrüche frühzeitig zu erkennen.[19]

In Deutschland regierte mit Angela Merkel stattdessen die Angst[20] – und der Starrsinn. Als namhafte Wissenschaftler im Verbund mit der Kassenärztlichen Vereinigung im Herbst auf die massiven Kollateralschäden der Lockdown-Maßnahmen für Kinder und Jugendliche hinwiesen,[21] wurde dies einfach ignoriert. Im Kanzleramt war man in den kommenden Wochen eher darauf bedacht, lediglich diejenigen Wissenschaftler zu Rate zu ziehen, die das Infektionsgeschehen in düstersten Farben malten. Andere wissenschaftliche Positionen, wie etwa der renommierten Virologen Klaus Stöhr oder Hendrik Streeck, wurden im Vorfeld der Konferenzen mit den Länderregierungschefs ausgegrenzt und auch ausgeladen – um das von Merkel gewünschte negative Schreckensbild nicht etwa ins Positive zu verkehren.[22]

Es ging nicht mehr darum, den besseren Weg zu finden. Die Kanzlerin war offenbar der Überzeugung, dass sie höhere Erkenntnisse hatte und den richtigen Weg wusste. Daher galt es, all das aus dem Weg zu räumen, was ihrer Linie widersprach.

Die emotionale Kälte zu den Kindern spiegelte sich auch in den Entwürfen des Kanzleramtes wider. Nun wurde ernsthaft eine »Ein-Freund-Regel« in Erwägung gezogen,[23] ohne sich auch nur eine Minute darüber Gedanken zu machen, was dies für psychologische Konsequenzen haben könnte: Bei drei Freunden einigen sich zwei, der dritte bleibt allein. Dass dies zu neuen, geradezu existenziellen Ausgrenzungserfahrungen führen würde, nahm man in Kauf. Die allgemeinen Inzidenzzahlen waren das Goldene Kalb, um das die Bundesregierung wie im Wahn tanzte.

Mit Kindern wurde ab dem Herbst 2020 verstärkt Politik gemacht – und fast immer zum Schlechtesten. Karl Lauterbach warnte vor »Long Covid« bei Kindern als einem relevanten Problem und erklärte andernorts im April 2021: Weil mittlerweile Menschen im Durchschnittsalter von 47, 48 Jahren auf den Intensivstationen lägen, sei es absehbar, dass viele Kinder ihre Eltern verlören. Weder war Long Covid bei Jüngeren ein nennenswertes Problem,[24] noch stimmte die Altersangabe. Letztere hatte er sich einfach ausgedacht, solche Zahlen lagen zu diesem Zeitpunkt gar nicht vor.[25] Die nötige Angst verbreitete Lauterbach damit trotzdem – auch bei den Kleinen.

Die Wissenschaftsjournalistin Mai Thi Nguyen-Kim sprach bei Markus Lanz von Schulen als »Risikogebieten«.[26] Und in der Formulierungshilfe für die Bundesnotbremse schob die Bundesregierung die Probleme des nächsten Lockdowns einfach in die Familien hinein: »Für den eingeschränkten Notbetrieb [von Kitas und Schulen] dürften insbesondere Kinder von Eltern in Frage kommen, die notwendigerweise nicht in ihrer Wohnung arbeiten können […].« Und: »Verbleibende Einschränkungen, die sich durch die Notwendigkeit der Betreuung eigener Kinder ergeben, sind im Rahmen der gebotenen Abwägung hinzunehmen.«

Übersetzt hieß das: Wer Kinder hat, ist selber schuld. Plötzlich wurde Nachwuchs als Ballast definiert, der die Eltern einschränkt. Sie waren außerdem kleine Gefährder, die das Infektionsgeschehen maßgeblich beeinflussten. Die Kinder mussten erleben: Der Staat trat ihnen mit größter emotionaler Distanz und bürokratischer Gleichgültigkeit, ja Skepsis entgegen. Was diese Teilnahmslosigkeit für Konsequenzen haben konnte, wusste man zwar längst aus Wuhan, ließ das Problem aber trotzdem laufen. Das Ergebnis: Die Zahl der an Essstörungen erkrankten Kinder erhöhte sich im Jahr 2020 Schätzungen zufolge um 60 Prozent. Depressionen und Burnout stiegen um 30 Prozent.[27]

Zugleich führte die Überlastung der Familien zu häuslicher Gewalt. So deuteten beispielsweise die Zahlen aus Hessen auf dramatische Auswüchse hin: zwölf Prozent mehr misshandelte Kinder, doppelt so viele Kindstötungen oder -morde, ein siebenprozentiger Anstieg der Fälle von sexuellem Missbrauch.[28] Die Dunkelziffer rangiert wohl deutlich höher, weil viele Kinder über Monate zu Hause blieben und einer sozialen Kontrolle damit weitestgehend entzogen waren.

Der Staat strahlte aus, dass Bildung kein Bürgerrecht mehr sei, und dass die Anliegen, die Unbeschwertheit und die Freiheit der Kinder hinter der allgemeinen Corona-Bekämpfung zurückzustehen hätten. Dass die Bundeskanzlerin die Corona-Politik in eine Machtfrage verwandelt hatte und abweichende Stimmen nicht als Bereicherung und Teil einer Lösung, sondern als störend ansah, verhinderte eine sozial verträglichere und kinderfreundlichere Politik. Das Kanzleramt ließ ab dem Herbst keine lebensnahe Perspektive mehr zu, sondern stützte sich hauptsächlich auf Modellierungen und Prognosen. Der Lockdown war das einzige Gegenmittel.

Bei den Kindern zeigt sich der größte Schaden, den die Undifferenziertheit der Corona-Politik mit sich brachte. Weil keine genaueren Untersuchungen über die Ansteckungswege angestellt wurden, blieben die Maßnahmen grob und für viele ungerecht.

Man ließ die Kinder alleine – und schlimmer noch: Man nutzte ihre Angst und die Angst ihrer Eltern für politische Zwecke. Ihre Zukunft und ihre Wünsche spielten in der Corona-Gegenwart keine Rolle. Keine Generation wird die langfristigen Verwerfungen, die die Bundesregierung durch ihren sturen Fokus auf das Infektionsgeschehen verursacht hat, so sehr spüren. Wir müssen alles dafür tun, dass eine solche massenhafte Beeinträchtigung der Kinderseelen nicht nur nie wieder geschieht, sondern auch, dass wir für diese Generation eine Post-Corona-Strategie entwickeln. Das sind wir ihnen schuldig.

Problemkaschierung durch Allgemeingefährdung

Die Planlosigkeit und Unfähigkeit der Bundesregierung führten nicht nur zu größeren Freiheitseinschränkungen, sondern waren ihrerseits mit allerhand Problemen belastet. Dies hatte zur Folge, dass man noch weiterreichende Maßnahmen ergreifen musste, um die aus dem eigenen Dilettantismus erwachsenen Probleme zu überdecken. Eine Allgemeingefährdung wurde dabei in Kauf genommen.

Ein paar Beispiele: In der Runde mit den Ministerpräsidenten erklärte die Kanzlerin Ende April 2021, es werde noch »sehr, sehr lange dauern«, bis es einen Impfstoff für Kinder unter zwölf Jahren gebe. »Wir werden also im Herbst eine schwierige Situation an den Grundschulen haben. Dort müssen wir uns auf den Betrieb mit ungeimpften Kindern einstellen.«[29]

Was sie damit sagen wollte, war Folgendes: Es gehe nun nicht mehr darum, zuerst die Risikogruppen zu schützen und dann wieder in Richtung eines Normalzustands zu manövrieren, sondern um die Aufrechterhaltung des Ausnahmezustands bis zur Ausschaltung aller, auch minimaler Gefahren.[30] Kinder, vor allem solche unter zwölf Jahren, sind von Corona kaum betroffen, dafür psychisch umso mehr von dem Distanzunterricht. Insofern konnte man die Position der Kanzlerin nun auch nicht mehr als vernünftige Abwägungsentscheidung schönreden.

Dieser Logik blieb Angela Merkel verhaftet. Sie machte bei einer der darauffolgenden Runden mit den Länderchefs den Weg für alle Kinder zwischen 12 und 16 Jahren zur Impfung frei – mutmaßlich, um das Thema möglicher Schulschließungen im anstehenden Bundestagswahlkampf vom Tisch zu haben.[31] Die Ständige Impfkommission, auf deren Rat die Bundesregierung eigentlich immer gehört hatte, wurde plötzlich übergangen. Für die generelle Impfempfehlung aller gesunden Kinder reichten die Daten bei weitem nicht, sagten die Experten.[32] Auch hier obsiegte die politische Opportunität: Dem Wahlkampf musste die Gesundheit der jungen Generation untergeordnet werden. Und nicht nur das: Weil die Jugendlichen nun auch an das Vakzin kamen, führte dies zu einer Verknappung des Impfstoffes und damit zu einer späteren Durchimpfung der Erwachsenen.

Ein weiteres Beispiel: Jens Spahn kam im Mai 2021 auf die Idee, den Impfabstand beim Wirkstoff von AstraZeneca von zwölf auf vier Wochen zu verkürzen, um damit die Akzeptanz des Vakzins zu erhöhen, die extrem unter dem politischen Hin und Her leiden musste. Spahns Haus löste sich schnell von der Empfehlung der Europäischen Arzneimittel-Agentur (EMA) und verfügte einen sofortigen Stopp der AstraZeneca-Impfung, nachdem es entsprechende Meldungen über tödliche Nebenwirkungen gegeben hatte. Das konnte man für falsch oder richtig halten – nachvollziehbar war diese Reaktion Spahns schon.

Hinzu kam, dass dieser Impfstoff in Deutschland zuerst nur für Menschen bis 65 Jahre zugelassen war,[33] später dann nur für Menschen über 60 Jahre.[34] Das hiermit einhergehende Vertrauensproblem und die ungünstige Perspektive, Millionen von Impfdosen ungenutzt vergammeln zu lassen, veranlassten Spahn zu einem unlauteren Lockangebot. Mit der Verkürzung des Abstandes zwischen erster und zweiter Impfung stellte er in Aussicht, schneller wieder die alten Freiheiten zurückzuerlangen. Das schwerwiegende gesundheitliche Problem dabei: Die Verkürzung auf vier bis acht Wochen verringerte den Impfschutz dramatisch – von 82,4 auf 50,4 Prozent bei einem Zwölf-Wochen-Intervall, so die damals vorliegende Berechnung von Experten.[35] Spahn war also gewillt, Gesundheitsgefahren für viele Menschen in Kauf zu nehmen, damit man ihn nicht für den schleppenden Impffortschritt verantwortlich machen kann. Ein Gesundheitsminister, der Prioritäten setzt.

Seine größte Verfehlung kam aber erst kurz darauf ans Licht. Im Juni 2021 machte der *Spiegel* öffentlich, dass der Gesundheitsminister Schutzmasken minderer Qualität im Wert von einer Milliarde Euro lieber an Menschen mit Behinderungen, Obdachlose oder Hartz-4-Empfänger verteilen wollte, als einen politischen Gesichtsverlust zu erleiden. Er befürchtete wohl, ihm würde Verschwendung von Steuergeldern vorgeworfen, hätte er diese nicht von der EU zertifizierten Masken direkt in die Müllverbrennungsanlage verfrachtet – wie es naheliegend gewesen wäre. Stattdessen wollte er ihre kostenlose Verteilung auch noch als menschenfreundliche Großtat verkaufen. Es stimmte zwar, wie Spahn immer wieder erklärte, dass der TÜV diese Masken geprüft hatte. Dass er durch das Infektionsschutzgesetz befugt war, bestimmte Kriterien auszublenden und damit eigentlich minderwertige Masken als angemessen ausweisen konnte, verschwieg er allerdings. So unterblieb hier etwa die Prüfung, ob diese Masken auch einer Tragedauer über 20 Minuten standhalten.

Als sich das Bundesarbeitsministerium unter Hubertus Heil von der SPD gegen so viel amtlichen Zynismus stellte, schwenkte Spahn um und gab die Masken in die Bestände der nationalen »Notreserve« – wohl in der Hoffnung, dass das Verfallsdatum vor einer möglichen Nutzung ablaufe.[36] Wer so dreist mit den Schwächsten umgeht, um sein politisches Erbe zu retten, ist charakterlich und moralisch ungeeignet für ein politisches Amt.

Während die Kanzlerin und ihr Kabinett in der Corona-Krise eigentlich immer für die Ausschaltung möglichst vieler Gefahrenquellen einstanden, spielte dies im Zweifel keine Rolle, wenn es darum ging, die eigene Haut zu retten. Besonders perfide wurde es, als man die Schwächsten der Gesellschaft einfach in gesundheitliche Mithaftung für die politischen Fehler insbesondere des Bundesgesundheitsministers nahm – eine Kollektivierung von staatlichem Versagen. Das menschenfreundliche Bild des Grundgesetzes, das natürlich auch allen politischen Entscheidungsträgern eine verbindliche Leitlinie sein muss, wurde in der Corona-Krise aus Gründen der politischen Opportunität mit Füßen getreten.

7 Der Kampf geht weiter

Bestimmte Dinge muss man als Regierung nicht besonders betonen. Dass man zum Beispiel viel vom Rechtsstaat hält. Oder sich für die Lage der Menschen im Land interessiert. Wird dies dennoch gesondert unterstrichen, sollte man sich Gedanken machen.

Kanzleramtsminister Helge Braun sagte am 5. Mai 2021 vor dem Deutschen Bundestag, dass sich »die Bundeskanzlerin gerade in dieser Pandemie um die Frage der Grundrechte und um die Situation der Bürgerinnen und Bürger sehr, sehr, sehr, sehr sorgt und deshalb sich die Menschen bei ihr in der Pandemie sehr gut aufgehoben fühlen«.[1]

Ob dies gestimmt hat, dürfen wir mittlerweile bezweifeln. Vielmehr zeigte sich im Verlaufe der Pandemie, dass die Bundesregierung nicht selten rechtliche Grenzen übertreten hat. Dies geschah zum Teil auf der Basis von Dilettantismus und Ignoranz, zum Teil aber auch mit Vorsatz. Ersteres etwa, als es um die Implementierung der »Osterruhe« oder um die 15-Kilometer-Leine ging. Hier hatte man einfach vergessen, vorher die rechtliche Umsetzbarkeit zu prüfen. In anderen Fällen, wie bei der Einsetzung der »Corona-Ersatzregierung« namens Ministerpräsidentenkonferenz, bei der Weigerung, genauere Daten über die konkreten Ansteckungsrisiken zu erheben, oder bei der Verschleppung der Frage, wann die Beschränkungen für Immunisierte aufgehoben werden, ging man wohl bewusst über die Grenzen des Rechtsstaates hinaus. Mit der Begründung »Corona« glaubte man wenigstens gegenüber der Öffentlichkeit eine ausreichende Legitimationsbasis zu haben, die Grundrechte der Menschen über das gebotene Maß hinaus einschränken zu dürfen.

Um mit den Organen des Rechtsstaates möglichst wenig in Konflikt zu geraten, wurden Zielmarken der Corona-Bekämpfung immer wieder verändert oder verschoben. War es zunächst die allgemeine Überlastung des Gesundheitssystems, die vermieden werden sollte, führte man nacheinander erst die Verdoppelungszeiten, dann den Reproduktionswert, schließlich die Inzidenzwerte 50, 35, 100 sowie bei den Schulen 165 ein. Jens Spahn brachte, als die Zahlen wieder dramatisch sanken, plötzlich die 20 ins Spiel – konnte aber nicht mehr rechtlich oder wissenschaftlich begründen, warum.[2] Selbst »No-Covid« spielte in den Überlegungen führender Repräsentanten eine Rolle.[3] Die Bundesregierung war entweder nicht willens oder nicht in der Lage mir zu sagen, wie hoch die Impfquote sein müsste, damit die grundrechtsbeschränkenden Maßnahmen aufgehoben werden können, so wie es einst der Ethikrat gefordert hatte.[4]

Wird das Ziel aber immer wieder neu gesetzt, rückt seine Erreichbarkeit emotional und praktisch in immer weitere Ferne. Irgendwann fühlt man sich wie der Esel, dem eine Karotte vor die Nase gehalten wird. Gleichsam schob die Regierung die Rücknahme der Grundrechtseingriffe immer wieder auf – stets mit einer neuen Erklärung.

Doch nicht nur die Vernebelung des Zieles war ein massives Problem für die Grundrechte in diesem Land, sondern auch die Vernebelung der Corona-Risiken. Es gab offenbar kein Interesse der Bundesregierung, konzentriert und engagiert Aufklärung über die Ansteckungswege zu betreiben. Forderungen nach einer repräsentativen Teststrategie, die zum Beispiel der Präsident des Instituts für Weltwirtschaft, Gabriel Felbermayr, im März 2020 (!) erhoben hatte,[5] wurden zu keiner Zeit verfolgt. Die Bundesregierung wollte nicht herausfinden, ob die Lockdown-Maßnahmen überhaupt wirksam waren. Deshalb wurde die Corona-Politik nie ein lernendes System, sondern basierte im Gegenteil darauf, sich nicht durch bessere Informationen vom eigenen Kurs abbringen zu lassen. Dieses absichtliche Sich-dumm-Stellen ermöglichte die Aufrechterhaltung von grundrechtsbeschränkenden Maßnahmen auch ohne Nachweis – lediglich auf der Basis von Behauptungen. Es hätte ja sein können, dass alle Hotels, Theater, Museen – unabhängig von den jeweiligen Hygienemaßnahmen – die Pandemie treiben. Weil man dies nicht zu 100 Prozent ausschließen konnte, mussten alle Einrichtungen geschlossen werden. Genauere Daten hätten diese Vorgehensweise ins Wanken gebracht. So wurde der Ausnahmezustand schrittweise in einen neuen Normalzustand überführt.

Die Corona-Politik der Bundesregierung folgte der Logik, die die Union bei Sicherheitsgesetzen schon immer verfolgt hatte: Härtere Maßnahmen bedeuten mehr Schutz – je härter, desto besser. Dabei war seit jeher schon egal, ob diese Gleichung jemals aufging. Angst war das treibende Gefühl, um die Maßnahmen zu begründen. Und in der Pandemie war die Furcht besonders ausgeprägt – was die Durchsetzung erleichterte. Um ganz sicherzugehen, kultivierte man sie.

Der Unterschied zur bisherigen Unionslinie bei Sicherheitsgesetzen ist jedoch ein entscheidender: In früheren Fällen hat man über harte staatliche Schritte noch parlamentarisch beraten. Bei der Corona-Politik geschah dies weitgehend durch Exekutivakt – nahezu ohne Rechtfertigung. Dem Parlament wurde die Korrekturmöglichkeit größtenteils entzogen. Auch wenn es heißt, dass der Bundestag doch immer die Möglichkeit gehabt habe, einzuschreiten und die epidemische Notlage zu beenden: Das stimmt nur bedingt, denn die Abwägung war nicht mehr innerhalb der Maßnahmen möglich. Stattdessen galt »Friss oder stirb«. Entweder man war für die epidemische Notlage – mit all ihren grundrechtseinschränkenden Ermächtigungsgrundlagen und der Ausbootung des Parlaments –, oder man war gegen sie. Eine differenzierte Debatte über einzelne Punkte konnte man damit nicht mehr führen.

Hinzuzufügen ist, dass die Abgeordneten von Union und SPD es unterließen, dem exekutiven Durchregieren ein Stoppschild zu zeigen. Sie wären die ersten Verteidiger des Parlamentarismus gewesen, die auch die Argumente der Gegenseite hätten aufnehmen müssen, um dem demokratischen Gedanken Genüge zu tun. Stattdessen jedoch verteilte man lieber Beschimpfungen in Richtung Opposition, wenn sie es wagte, ihrer verfassungsmäßigen Aufgabe gerecht werden zu wollen. Bei den Abgeordneten der regierungstragenden Fraktionen waren die parlamentarischen Rechte nicht in guten Händen. Als Verteidiger der demokratischen Ordnung fielen sie in dieser Zeit aus.

Die Corona-Krise traf auch auf eine lädierte Debattenkultur im Land. Das von Twitter befeuerte Schwarz-Weiß-Denken machte sich mehr und mehr im allgemeinen Diskussionsraum breit. Die individuelle Selbstbehauptung wurde zur Maxime der öffentlichen Debatte. Es reichte aus, die Claqueure der eigenen Blase hinter sich zu versammeln, die einem ungeteilt Zustimmung gaben. Ein Austausch zwischen verschiedenen Positionen, ein Ringen um das bessere Argument, geschweige denn ein durch Diskussionen erzielter Fortschritt fanden lange Zeit kaum statt. Wenn dem Gegenüber ohnehin nur unredliche Motive unterstellt werden, erhöht sich für ihn zugleich die Schwelle, Fehler einzugestehen und sich zu korrigieren. Die zuvor bereits wahrnehmbare Spaltung wurde durch die Krise weiter verschärft. Das galt auch für den Bereich der Wissenschaft, der eigentlich so dringend auf den offenen und respektvollen Streit angewiesen ist, um seine Gültigkeit und damit seine Daseinsberechtigung zu erhalten.

Diejenigen, die beständig warnten und mit ihren Äußerungen Ängste auslösten, waren nun moralisch im Vorteil. Sie hatten schließlich auch die Bundesregierung auf ihrer Seite, hinter der man sich in einer Krise ja normalerweise versammelt. Zum Problem wurde aber nun die Ausgrenzung der Andersdenkenden, denen man in der Notsituation leichter unredliche Motive unterstellen konnte. Die Unterstützung der Kanzlerinnenpolitik erklärte man nun mit der richtigen »Haltung« oder mit der Mitgliedschaft im »Team Vorsicht«. »Haltung« und »Vorsicht« wurden zur Chiffre für »Vernunft«.

Doch mit »Haltung« hatte diese Position – die auch viele journalistische Beobachter an den Tag legten, wenn sie vom »Wir« in Corona sprachen – nichts zu tun. Denn es ist nicht sonderlich ehrenvoll oder mutig, sich einer Gruppierung anzuschließen, bei der ausschließlich mit moralischem Rückenwind zu rechnen ist. Die wirkliche Haltung zeigt sich doch eigentlich in der Standfestigkeit für die verfassungsmäßige Ordnung gerade in der Krisensituation, als von verschiedener Seite versucht wurde, diese zu schleifen – nicht zuletzt vom Kanzleramt. Doch hier gab es leider nur sehr wenige, die entschieden für demokratische Werte einstanden. Es herrschte erschreckenderweise kein Konsens, dass die Verfassung gerade in der Pandemie ihre stärkste Stunde haben muss.

Ohne Frage, der Rechts- und Verfassungsstaat wurde durch das Virus vor seine bisher härteste Aufgabe gestellt. Mit den vielfältigen Anti-Corona-Maßnahmen ging selbstverständlich die Gefährdung des Freiheitsgedankens einher, weil unsere Freiheit nur durch die Achtung und mit der Einhaltung rechtsstaatlicher Grundsätze überleben kann. In einem Staat, in dem Willkür regiert und in dem rechtliche Grundsätze politischen Erwägungen unterliegen, stirbt sie hingegen.

Daher ist es die Aufgabe der Demokraten, der bürgerrechtlichen Akzentverschiebung, die durch die Corona-Politik entstanden ist, wieder entgegenzuwirken. Wir dürfen nie wieder zulassen, dass mit Angst Politik gemacht wird, und müssen uns dagegen wehren, wenn staatliche Organe oder gesellschaftliche Akteure aktiv Furcht schüren, um Freiheitsrechte zu begrenzen. Oder wenn Regelbrüche mit angeblich höheren Motiven entschuldigt werden. Es gibt keine statthaften Motive, die über unserer Rechts- und Freiheitsordnung stehen.

Die Lehre aus dieser Krise muss sein, dass Freiheitsbeschränkungen nie wieder so widerstandslos, so leichtfertig und so willkürlich implementiert werden dürfen. Dass Kinderrechte nie wieder einer großen gesellschaftlichen Sorge weichen dürfen, sondern dass ihre Wahrung als unsere größte gesellschaftliche Verpflichtung angesehen wird. Dass wir nie wieder die Alten und Kranken hintanstellen, sie einfach wegsperren dürfen, weil es angeblich einfacher ist, als ihnen einen aufwändigeren Schutz zu gewährleisten. Hoher Aufwand sollte niemals eine Entschuldigung dafür sein, die Menschenwürde zu beeinträchtigen. Die Wahrung der Grundrechte ist niemals beschwerlich, sie ist notwendig.

Corona ist aus Sichtweise unserer Demokratie noch lange nicht überstanden. Dass wir in einer renommierten Tageszeitung die Überschrift »Mehr Diktatur wagen« lesen muss-ten[6] oder ein Ministerpräsident unverhältnismäßige Maß-nahmen zur Bekämpfung einer Pandemie fordert,[7] deutet schon an, wie weit die Prioritäten verrutscht sind. Die ei-gentliche Herausforderung für unsere Demokratie und un-seren Rechtsstaat steht daher erst noch an. Es wird viel zu tun sein, um der Freiheit nicht nur politisch, sondern auch mental wieder Raum zu verschaffen. Wir müssen wieder dafür sorgen, dass die Eigenverantwortung der Menschen zentraler Bestandteil unseres Zusammenlebens wird – und nicht die ständige Vorgabe von Verhaltensregeln durch den Staat.

Dieser Weg ist ohne echte Alternative. Nur eine Gesell-schaft, die die Idee der Freiheit stolz im Herzen trägt, kann auch große Herausforderungen bewältigen und die Men-schenwürde wahren.

Anmerkungen

1. Einleitung

1 Bundesgesundheitsminister Jens Spahn am 22. April 2020 im Deutschen Bundestag.

2 Bundeskanzlerin Angela Merkel am 16. April 2021 im Deutschen Bundestag.

2. Wert der Verfassung und der Grundrechte

1 Lebenszeit: »Beschnittene Freiheitsrechte«, in: Deutschlandfunk vom 23. April 2021: https://srv.deutschlandradio.de/dlf-audiothek-audio-teilen.3265.de.html?mdm:audio_id=920158 (abgerufen am 18. Juni 2021).

2 Jan Dams u. a.: »Merkel will die Deutschen durch Nudging erziehen«, in: welt.de vom 12. März 2015: https://www.welt.de/wirtschaft/article138326984/Merkel-will-die-Deutschen-durch-Nudging-erziehen.html (abgerufen am 18. Juni 2021).

3 Gerrit Dorn: »Grüne wollen Ponyreiten auf Jahrmärkten verbieten«, in: derwesten.de vom 20. Januar 2012: https://www.derwesten.de/panorama/tierisches/gruene-wollen-ponyreiten-auf-jahrmaerkten-verbieten-id6261397.html (abgerufen am 18. Juni 2021).

4 Gernot Kramper: »Grüne wollen Online-Handel am Sonntag verbieten – eine ganz dumme Idee«, in: stern.de vom 7. Juni 2017: https://www.stern.de/wirtschaft/news/gruene-shoppingvisionen---online-handel-am-sonntag-verbieten-7485254.html (abgerufen am 18. Juni 2021).

5 Sebastian Rösener: »Grüne wollen Konzerte zensieren!«, in: bild.de vom 23. Januar 2018: https://www.bild.de/regional/bremen/die-gruenen/wollen-konzerte-verbieten-54569476,la=de.bild.html (abgerufen am 18. Juni 2021).

6 »Grüne fordern Verbot für Süßigkeitenwerbung«, in: stern.de vom 11. Januar 2010: https://www.stern.de/wirtschaft/news/ernaehrung-gruene-fordern-verbot-fuer-suessigkeitenwerbung-3332976.html (abgerufen am 18. Juni 2021).

7 Friedhelm Hufen: Staatsrecht II. Grundrechte, 8. Auflage, München 2020, S. 72 f.

8 Robert Birnbaum und Georg Ismar: »Schäuble will dem Schutz des Lebens nicht alles unterordnen«, in: tagesspiegel.de vom 26. April 2020: https://www.tagesspiegel.de/politik/bundestagspraesident-zur-corona-krise-schaeuble-will-dem-schutz-des-lebens-nicht-alles-unterordnen/25770466.html (abgerufen am 18. Juni 2021).

9 Georg Ismar: »Das führt zu Selektion zwischen mehr oder weniger lebenswertem Leben«, in: tagesspiegel.de vom 30. April 2020: https://www.tagesspiegel.de/politik/debatte-ueber-lebensschutz-in-der-corona-krise-das-fuehrt-zu-selektion-zwischen-mehr-oder-weniger-lebenswertem-leben/25788236.html (abgerufen am 18. Juni 2021).

10 Zit. in: Georg Ismar, Andrea Dernbach und Hans Monath: »Das klassische Dilemma der Ethik«, in: tagesspiegel.de vom 28. April 2020: https://www.tagesspiegel.de/politik/reaktionen-auf-schaeubles-tagesspiegel-interview-das-klassische-dilemma-der-ethik/25784330.html (abgerufen am 18. Juni 2021).

11 Dajana Rubert: »Jährlich bis zu 20 000 Tote durch Krankenhauskeime«, in: berliner-zeitung.de vom 15. November 2019: https://www.berliner-zeitung.de/gesundheit-oekologie/jaehrlich-bis-zu-20000-todesfaelle-nach-krankenhausinfektionen-li.1464 (abgerufen am 18. Juni 2021).

12 Olaf Wunder: »40 000 Tote pro Jahr: Der Kampf gegen die Krankenhauskeime«, in: focus.de vom 25. Oktober 2018: https://www.focus.de/gesundheit/news/hamburg-40-000-tote-pro-jahr-der-kampf-gegen-die-killer-keime_id_9794114.html (abgerufen am 18. Juni 2021).

13 Uwe Volkmann: »Wann hört es auf?«, in: zeit.de vom 9. Juni 2021: https://www.zeit.de/politik/deutschland/2021-06/corona-massnahmen-staat-pandemiebekaempfung-grundsaetze-demokratie?utm_referrer=https%3A%2F%2Fwww.google.com%2F (abgerufen am 18. Juni 2021).

3. Der Ausnahmezustand (der Ausnahme bleiben sollte)

1 Uli Blumenthal: »Wir sind in der Lage, das Coronavirus einzudämmen«. Gespräch mit Lothar Wieler, in: deutschlandfunk.de vom 13. Februar 2020: https://www.deutschlandfunk.de/praesident-des-robert-koch-instituts-wir-sind-in-der-lage.676.de.html?dram:article_id=470226 (abgerufen am 18. Juni 2021).

2 Sehr eindrucksvoll beschrieben in Christoph Hickmann, Martin Knobbe und Veit Medick (Hg.): »Lockdown. Wie Deutschland in der Coronakrise knapp der Katastrophe entkam«, 1. Auflage, München 2020.

3 Fernsehansprache von Bundeskanzlerin Angela Merkel vom 18. März 2020: https://www.bundeskanzlerin.de/bkin-de/aktuelles/fernsehansprache-von-bundeskanzlerin-angela-merkel-1732134 (abgerufen am 18. Juni 2021).

4 Als ein besonders krasses Beispiel etwa Mike Kleiß: »Es geht nicht
ohne Merkel! Danke, Frau Bundeskanzlerin«, in: meedia.de vom
19. März 2020: https://meedia.de/2020/03/19/trusted-brands-es-
geht-nicht-ohne-merkel-danke-frau-bundeskanzlerin/ (abgerufen am
18. Juni 2021). Kritisch zu dieser Entwicklung etwa Bernhard Pörksen
im Interview mit dem *Standard*: »Der Journalismus ist zu lange den
Virologen gefolgt«, in: derstandard.de vom 3. Mai 2020: https://www.
derstandard.de/story/2000117210740/poerksen-der-journalis-
mus-ist-zu-lange-den-virologen-gefolgt (abgerufen am 18. Juni 2021).

4. Die Beeinflussung der Stimmungslage

1 »Keine ›Öffnungsdiskussionsorgien‹«, in: tagesschau.de vom 20. April
2020: https://www.tagesschau.de/inland/merkel-lockdown-101.html
(abgerufen am 18. Juni 2021).

2 »Merkel: Corona-Regeln noch nicht lockern«, in: zdf.de vom 27. März
2020: https://www.zdf.de/nachrichten/politik/coronavirus-mer-
kel-lockerung-100.html (abgerufen am 18. Juni 2021).

3 »Justizministerin Lambrecht fordert Freiheiten für Geimpfte – Altmaier will bis Sommer warten«, in rnd.de vom 24. April 2021: https://
www.rnd.de/politik/altmaier-stellt-ausnahmen-fur-corona-geimpf
te-in-aussicht-QZRZQZL5TVPGAC4CK5FL7BC2TY.html (abgerufen
am 18. Juni 2021).

4 »Söder: Kritiker der Strategie gefährden Pandemie-Bekämpfung«, in:
zeit.de vom 4. März 2021: https://www.zeit.de/news/2021-03/04/
soeder-kritiker-der-strategie-gefaehrden-pandemie-bekaempfung (abgerufen am 18. Juni 2021).

5 Thomas Bohn: »Das leise Sterben«, in welt.de vom 13. Januar 2021:
https://www.welt.de/kultur/plus223531068/Corona-Suizide-Das-
leise-Sterben.html (abgerufen am 18. Juni 2021).

6 Herbert Grönemeyer: »Geld ist im Übermaß vorhanden«, in: zeit.de
vom 4. November 2020: https://www.zeit.de/2020/46/corona-hilfen-
kunst-kultur-gesellschaft-solidaritaet (abgerufen am 18. Juni 2021).

7 Sebastian Leber: »›Alles dicht machen‹ ist so schäbig, dass es weh tut«,
in: tagesspiegel.de vom 23. April 2021: https://www.tagesspiegel.de/
gesellschaft/panorama/schauspieler-und-ihre-corona-kritik-alles-
dicht-machen-ist-so-schaebig-dass-es-weh-tut/27124112.html (abgerufen am 18. Juni 2021).

8 Joachim Huber: »Wir kommentieren politische Aktivitäten nicht«, in:
tagesspiegel.de vom 5. Mai 2021: https://www.tagesspiegel.de/gesell
schaft/medien/ard-nimmt-stellung-zu-volker-bruch-wir-kommentie
ren-politische-aktivitaeten-nicht/27161000.html (abgerufen am 18.
Juni 2021). In der ursprünglichen Version des Artikels hieß es: »Volker
Bruch kann sich dank eines ärztlichen Attests an den Drehorten ohne
Maske bewegen. Ob er mit seiner Rolle, der Figur des Gereon Rath, der
[…] alles andere als ein Rechtsextremist [ist] und als Freund der er-

starkenden NSDAP auftritt, ein Problem hat, ist nicht bekannt.« Doku-
mentiert ist dies hier: http://web.archive.org/web/20210505101348/
https://www.tagesspiegel.de/gesellschaft/medien/ard-nimmt-
stellung-zu-volker-bruch-wir-kommentieren-politische-aktivitaeten-
nicht/27161000.html (abgerufen am 18. Juni 2021).

9 Philippe Debionne: »›Tatort‹-Verbot für Liefers gefordert. Landesweite
Kritik an Rundfunkrat Duin«, in: berliner-zeitung.de vom 23. April
2021: https://www.berliner-zeitung.de/news/tatort-verbot-fuer-
liefers-gefordert-kritik-an-rundfunkrat-garrelt-duin-waechst-li.154893
(abgerufen am 18. Juni 2021).

10 Jörg Schulz: »Morddrohungen gegen Meret Becker«, in: bild.de vom
25. April 2021: https://www.bild.de/unterhaltung/leute/leute/
meret-becker-morddrohungen-wegen-allesdichtmachen-kampagne-
76185926.bild.html (abgerufen am 18. Juni 2021).

11 Saskia Esken am 1. August 2020 auf Twitter: https://twitter.com/
eskensaskia/status/1289518034621612032?lang=de (abgerufen am
18. Juni 2021).

12 Ich hatte hierzu die Wissenschaftlichen Dienste des Deutschen Bundestages um Stellungnahme gebeten. Das Gutachten wurde zitiert in
Christoph Schult: »Die Kanzlerin bewegt sich am Rande der Amtsan-
maßung«, in: spiegel.de vom 22. April 2020: https://www.spiegel.de/
politik/deutschland/wolgang-kubicki-die-kanzlerin-
bewegt-sich-am-rande-der-amtsanmassung-a-fdfabd58-1a99-47be-
93a8-cbdb22dd0e43 (abgerufen am 18. Juni 2021).

13 Ferdinand Otto: »Aus dem Lockdown gedrängt«, in zeit.de vom 6. Mai
2020: https://www.zeit.de/politik/deutschland/2020-05/corona
krise-lockerungen-beschluesse-bund-laender-gipfel-angela-merkel
(abgerufen am 18. Juni 2021).

14 »Jetzt entscheiden die Länder«, in: tagesschau.de vom 6. Mai 2020:
https://www.tagesschau.de/inland/lockerungen-merkel-105.html
(abgerufen am 18. Juni 2021).

15 »Söder zu Anti-Corona-Politik: ›Das Parlament ist ständig dabei‹«, in:
pnp.de vom 19. Oktober 2020: https://www.pnp.de/nachrichten/
bayern/Soeder-zu-Anti-Corona-Politik-Parlament-ist-staendig-dabei
-3817590.html (abgerufen am 18. Juni 2021).

16 Schön aufgearbeitet bei Robin Alexander: »Die Grünen schirmen Merkel vor Majestätsbeleidigung ab«, in: welt.de vom 20. Januar 2021:
https://www.welt.de/debatte/kommentare/plus224731755/Corona-
Beschluesse-Die-Gruenen-schirmen-Merkel-vor-Majestaetsbeleidigung
-ab.html (abgerufen am 18. Juni 2021).

17 »Merkel: ›Maßnahmen sind geeignet, erforderlich und verhältnismäßig‹«, in: dw.com vom 29. Oktober 2020: https://www.dw.com/de/
merkel-ma%C3%9Fnahmen-sind-geeignet-erforderlich-und-verh%C3
%A4ltnism%C3%A4%C3%9Fig/a-55431892 (abgerufen am 18. Juni
2021).

18 Bundeskanzlerin Angela Merkel am 9. Dezember 2020 im Deutschen Bundestag.

19 Markus Feldenkirchen: »Todesfalle Glühweinstand«, in: spiegel.de vom 12. Dezember 2020: https://www.spiegel.de/politik/corona-politik-todesfalle-gluehweinstan d-a-00000000-0002-0001-0000-000174419251 (abgerufen am 18. Juni 2021).

20 »Aerosolforscher fordern Kurswechsel in der Coronapolitik«, in: tages-spiegel.de vom 12. April 2021: https://www.tagesspiegel.de/politik/drinnen-lauert-die-gefahr-aerosolforscher-fordern-kurswech-sel-in-der-coronapolitik/27086048.html (abgerufen am 18. Juni 2021).

21 Dies ergab die Antwort der Bundesregierung auf eine Kleine Anfrage der FDP-Fraktion im Deutschen Bundestag vom 18. Januar 2021, Bundestagsdrucksache 19/25952.

22 Albrecht Meier: »Ich werde Himmel und Hölle in Bewegung setzen«, in: tagesspiegel.de vom 26. März 2021: https://www.tagesspiegel.de/politik/merkel-gegen-auslands-reisen-ich-werde-himmel-und-hoelle-in-bewegung-setzen/27037726.html (abgerufen am 18. Juni 2021).

23 »Reiseforscher: ›Wir laufen Gefahr, mit Mallorca ein zweites Ischgl zu produzieren‹«, in: rnd.de vom 15. März 2021: https://www.rnd.de/reise/run-auf-mallorca-reisen-tourismusforscher-warnt-vor-zweitem-ischgl-G7BQHQFVXBEMPDXPPMJCNEQJAQ.html (abgerufen am 18. Juni 2021).

24 Christoph Herwartz: »Der Mallorca-Urlaub sollte verboten werden«, in: handelsblatt.com vom 15. März 2021: https://www.handelsblatt.com/meinung/kommentare/kommentar-der-mallorca-urlaub-soll te-verboten-werden/27006130.html?ticket=ST-1069624-MDaJeUIh NlLksEg42ebm-ap5 (abgerufen am 18. Juni 2021).

25 »Karl Lauterbach zu Fallzahlen auf Mallorca: ›Ich glaube da kein Wort‹«, in: mallorcazeitung.es vom 26. März 2021: https://www.mal lorcazeitung.es/lokales/2021/03/26/karl-lauterbach-mallorca-fall zahlen-glaube/81470.html (abgerufen am 18. Juni 2021).

26 Rafaela von Bredow und Veronika Hackenbroch: »Ich habe schlimme Befürchtungen, was sonst im Frühjahr und Sommer passieren könnte«. Interview mit Christian Drosten, in: spiegel.de vom 22. Januar 2021: https://www.spiegel.de/wissenschaft/medizin/christian-drosten-wir-muessen-durchhalten-und-vor-allem-auf-die-bremse-treten-a-9268683b-0415-4f09-b9f5-773bf2215cc1 (abgerufen am 18. Juni 2021).

27 Alexander Marguier: »Gute Hetze, böse Hetze«, in: cicero.de vom 23. Januar 2021: https://www.cicero.de/innenpolitik/diffamierung-dros ten-streeck-schmidt-chanasit-spiegel-social-media (abgerufen am 18. Juni 2021).

28 Mai Thi Nguyen-Kim am 8. Oktober 2020 auf Twitter: https://twitter.com/maithi_nk/status/1314096367640469504?lang=de (abgerufen am 18. Juni 2021).

29 Hart aber fair am 15. Juni 2020: https://www1.wdr.de/daserste/hartaberfair/videos/video-der-sommer-der-entspannung-kann-man-das-virus-erstmal-vergessen-102.html (abgerufen am 9. Mai 2021).

30 Täglicher Lagebericht des RKI zur Coronavirus-Krankheit 2019 (Covid-19) vom 15. Juni 2020: https://www.rki.de/DE/Content/InfAZ/N/Neuartiges_Coronavirus/Situationsberichte/2020-06-15-de.pdf?__blob=publicationFile (abgerufen am 18. Juni 2021).

31 Anette Dowideitund Alexander Nabert: »Wenn der Staatssekretär Wissenschaftler zu ›maximaler Kollaboration‹ aufruft«, in: welt.de vom 8. Februar 2021: https://www.welt.de/politik/deutschland/plus225868061/Corona-Politik-Wie-das-Innenministerium-Wissenschaftler-einspannte.html (abgerufen am 18. Juni 2021).

32 »Wie wir Covid-19 unter Kontrolle bekommen«. Strategiepapier des Bundesinnenministeriums, hier: S. 13: https://www.bmi.bund.de/SharedDocs/downloads/DE/veroeffentlichungen/2020/corona/szenarienpapier-covid19.pdf?__blob=publicationFile&v=6 (abgerufen am 18. Juni 2021).

33 Ebd., S. 1.

34 Dowideit, Nabert: »Wenn der Staatssekretär«, a. a. O.

35 Ebd.

36 Ralf Schuler und Peter Tiede: »Verwirrung um die Corona-Zahlen der Kanzlerin«: in: bild.de vom 22. April 2020: https://www.bild.de/politik/inland/politik-inland/merkel-und-der-r-wert-verwirrung-um-die-corona-zahlen-der-kanzlerin-70191652.bild.html (abgerufen am 18. Juni 2021).

37 Datenstand vom 27. April 2020. Täglicher Lagebericht des RKI zur Coronavirus-Krankheit 2019 (Covid-19) vom 27. April 2020: https://www.rki.de/DE/Content/InfAZ/N/Neuartiges_Coronavirus/Situationsberichte/2020-04-27-de.pdf?__blob=publicationFile (abgerufen am 18. Juni 2021).

38 So auch wenige Tage später Andreas Stiller: »Corona-Pandemie: Die Mathematik hinter den Reproduktionszahlen R«, in: heise.de vom 1. Mai 2020: https://www.heise.de/newsticker/meldung/Corona-Pandemie-Die-Mathematik-hinter-den-Reproduktionszahlen-R-4712676.html (abgerufen am 18. Juni 2021). Stiller schrieb: »Leider gibt es bislang keine Möglichkeit, die Nowcast-Werte N(t) beim RKI herunterzuladen. So hat man lediglich die Balkendiagramme im täglichen Situationsbericht. Die daraus abgelesenen Nowcast-Werte sind naturgemäß etwas ungenau (ein Pixel entspricht dabei ungefähr 15 Fällen), aber man kommt damit trotzdem auf den aktuell bekannt gegebenen Wert von 0,75. Zudem hat man in der neuen Darstellung auch die Möglichkeit, rückwirkend die R-Werte vergangener Tage mit den Nachmeldungen, also mit exakteren Nowcastwerten zu bestimmen.

So dürfte der R-Wert vor einigen Tagen von 1,0 [gemeint war der 27. April, WK] im Nachhinein bestimmt wohl doch eher um 0,9 gelegen haben.«

39 Alle Zitate in Dominik Rzepka: »Kubickis ›Wissenschaftsverachtung‹«, in: zdf.de vom 30. April 2020: https://www.zdf.de/nachrichten/poli tik/corona-kubicki-rki-100.html (abgerufen am 18. Juni 2021).

40 In der Pressekonferenz vom Robert Koch-Institut hatte dessen Präsident Lothar Wieler am 28. April erklärt: »Nach mathematischen Regeln rundet man ja, wenn es unter 0,5 ist, runter, und über 0,5 hoch.« Pressekonferenz des Robert Koch-Institutes am 28. April 2020: https://www.youtube.com/watch?v=srlSEBGiy_g (abgerufen am 18. Juni 2021).

41 Christoph Schult: »Ungefähr 1,0«, in: spiegel.de vom 27. Juni 2020: https://www.spiegel.de/politik/deutschland/robert-koch-institut-und-der-r-wert-ende-april-verwirrung-ueber-berechnung-a-264a8d9c-454f-499a-b729-e4b537688b72 (abgerufen am 18. Juni 2021).

42 Gemäß Paragraph 28b Absatz 1 Ziffer 1 des Infektionsschutzgesetzes.

43 »Zu wenig Abstand? Münchner Polizisten sind mit Meterstab unterwegs«, in: abendzeitung-muenchen.de vom 1. März 2021: https://www.abendzeitung-muenchen.de/muenchen/zu-wenig-abstand-muenchner-polizisten-sind-mit-meterstab-unterwegs-art-709860 (abgerufen am 18. Juni 2021).

44 »Drei Personen, drei Haushalte – Polizei löst Skatrunde auf«, in: stuttgarter-nachrichten.de vom 20. Dezember 2020: https://www.stutt garter-nachrichten.de/inhalt.verstoss-gegen-corona-regeln-drei-perso nen-drei-haushalte-polizei-loest-skatrunde-auf.c36e1af4-c394-4f39-ac52-f14f37e7dafa.html (abgerufen am 18. Juni 2021).

45 »Düsseldorf verteidigt Verweilverbot: Einschränkung so lange wie ›wirklich erforderlich‹«, in: 24rhein.de vom 3. März 2021: https://www.24rhein.de/duesseldorf/duesseldorf-coronavirus-verweilverbot-rheinufer-rheinterassen-corona-regeln-maskenpflicht-90214683.html (abgerufen am 18. Juni 2021).

46 Matthias Schwarzer: »Bayern verbietet das Bücherlesen auf Bänken – im Netz löst das eine Debatte aus«, in: rnd.de vom 7. April 2020: https://www.rnd.de/panorama/bayern-verbietet-das-bucherlesen-auf-banken-und-das-internet-fragt-sich-warum-RJFUE55FZRGVX AKJUI73WFQFMQ.html (abgerufen am 18. Juni 2021).

47 Zum Beispiel Anne Winter-Weckenbrock: »Wenn die Coronazeit die Blockwart-Mentalität in einem weckt«, in: muensterlandzeitung.de vom 8. Juni 2020: https://www.muensterlandzeitung.de/ahaus/wenn-die-coronazeit-die-blockwart-mentalitaet-in-ei-nem-weckt-1527790.html (abgerufen am 18. Juni 2021).

48 Jürgen Dahlkamp und Rafaela von Bredow: »Der Wettlauf ist längst verloren. Es wird kommen wie in England«. Interview mit Melanie Brinkmann, in: spiegel.de vom 5. Februar 2021: https://www.spiegel.de/wissenschaft/medizin/melanie-brinkmann-ueber-corona-

mutanten-der-wettlauf-ist-laengst-verloren-a-00000000-0002-
0001-0000-000175196841 (abgerufen am 18. Juni 2021).

49 »RKI prognostiziert eine Inzidenz von 300«, in: tagesschau.de vom
13. März 2021: https://www.tagesschau.de/inland/rki-prognose-
inzidenz-rekord-101.html (abgerufen am 18. Juni 2021).

50 Sven Lemkemeyer: »RKI-Chef Wieler warnt vor 100000 Neuinfektionen pro Tag«, in: tagesspiegel.de vom 26. März 2021: https://www.
tagesspiegel.de/wissen/uns-stehen-sehr-schwere-wochen-bevor-rki-
chef-wieler-warnt-vor-100-000-neuinfektionen-pro-tag/27044636.
html (abgerufen am 18. Juni 2021).

51 Olaf Stampf: »Schluss mit dem Stotter-Shutdown!«, in: spiegel.de vom
19. März 2021: https://www.spiegel.de/politik/deutschland/corona-
in-deutschland-schluss-mit-dem-stotter-shutdown-zieht-die-notbrem
se-a-5948f04a-0002-0001-0000-000176418802 (abgerufen am 18.
Juni 2021).

52 Nina Weber: »Robert Koch-Institut legt düstere Prognose für Ostern
vor«, in: spiegel.de vom 13. März 2021: https://www.spiegel.de/wis
senschaft/medizin/corona-variante-b-1-1-7-robert-koch-institut-legt-
duestere-prognose-fuer-ostern-vor-a-3912647d-9d06-469b-9613-4
eaf8ec97b4f (abgerufen am 18. Juni 2021).

53 Matthias Bartsch u. a.: »Wir werden um einen ernsthaften Lockdown
nicht herumkommen«, in: spiegel.de vom 2. April 2021: https://www.
spiegel.de/politik/deutschland/christian-drosten-wir-werden-um-
einen-ernsthaften-lockdown-nicht-herumkommen-a-3eedcd1c-0002-
0001-0000-000176982960?context=issue (abgerufen am 18. Juni
2021).

54 Julia Köppe: »Warum Corona-Berechnungen besser sind als ihr Ruf«,
in: spiegel.de vom 6. Mai 2021: https://www.spiegel.de/wissen
schaft/medizin/corona-wissenschaft-in-der-kritik-wie-zuverlaessig-
sind-modellierungen-a-89452cdd-5f57-4bee-9ac5-eedd3de35d12 (abgerufen am 18. Juni 2021). Ähnlich Karl Lauterbach: Die Prognosen
waren »nicht falsch, sondern wirksam«. Tim Röhn: »Die Katastrophe,
die ausfiel«, in: welt.de vom 17. Mai 2021: https://www.welt.de/poli
tik/deutschland/plus231156741/Dritte-Corona-Welle-Die-Katastro
phe-die-ausfiel.html (abgerufen am 18. Juni 2021).

55 »Beirat diskutiert und verabschiedet Analyse von Prof. Augurzky und
Prof. Busse zum Leistungsgeschehen der Krankenhäuser und zur Aus-
gleichspauschale in der Corona-Krise«, in: bundesgesundheitsministe-
rium.de vom 30. April. 2021: https://www.bundesgesundheitsminis
terium.de/presse/pressemitteilungen/2021/2-quartal/corona-gutach
ten-beirat-bmg.html?fbclid=IwAR2-6ahxwaQQZNLGU_IDfVDL_eIsT
Ji2vptJjQ7TnNu1YCmAsj67C9gtxOs (abgerufen am 18. Juni 2021).

56 Thomas Hommel: »Spahn: Ausgangssperren in der ›aktuellen Lage‹
vertretbar«, in: aerztezeitung.de vom 15. April 2021: https://www.
aerztezeitung.de/Politik/Spahn-Ausgangssperren-aktuell-vertretbar-
418791.html (abgerufen am 18. Juni 2021).

57 Das geht aus dem Bericht des Bundesrechnungshofes vom 9. Juni 2021 hervor, der dem Haushaltsausschuss des Deutschen Bundestages zugeleitet wurde.

58 »Spahn: ›Antikörper können Risikopatienten in der Frühphase helfen‹«. Interview mit der *Bild am Sonntag* am 24. Januar 2021: https://www.bundesgesundheitsministerium.de/presse/interviews/interviews/bams-240121.html (abgerufen am 18. Juni 2021).

59 Dies hatte der Präsident der Deutschen Interdisziplinären Vereinigung für Intensiv- und Notfallmedizin, Gernot Marx, in jenen Tagen erklärt. »Mahnung trotz ›leicht positivem Trend‹«, in: tagesschau.de vom 22. Januar 2021: https://www.tagesschau.de/inland/rki-spahn-presse konferenz-103.html (abgerufen am 18. Juni 2021).

60 So etwa Bayerns Ministerpräsident Markus Söder, der erklärte: »Wir nehmen Corona ernst«, und: »Jeder einzelne muss mitmachen.« Zit. in: »Bayern verschärft Corona-Auflagen ab Inzidenzwert 100«, in: br. de vom 21. Oktober 2020: https://www.br.de/nachrichten/bayern/bayern-mit-neuem-corona-grenzwert-verschaerfte-auflagen-ab-inzi denzwert-100,SE2KiAg (abgerufen am 18. Juni 2021).

61 Deutscher Ethikrat: »Solidarität und Verantwortung in der Corona-Krise.« Ad-hoc-Empfehlung vom 27. März 2020: https://www.ethik rat.org/fileadmin/Publikationen/Ad-hoc-Empfehlungen/deutsch/ ad-hoc-empfehlung-corona-krise.pdf (abgerufen am 18. Juni 2021).

62 Ebd., S. 5.

63 Ebd., S. 2 f.

64 Ebd., S. 7.

65 Alena Buyx zit. in: Kristina Hofmann: »Umstritten: Wahlkampfthema Corona«, in: zdf.de vom 11. Januar 2021: https://www.zdf.de/nach richten/politik/corona-wahlkampf-waehlen-ethikrat-100.html (abgerufen am 18. Juni 2021).

66 Vgl. ebd.

67 »Regierung spannt Experten für Corona-Propaganda ein!«, in: bild.de vom 14. Februar 2021: https://www.bild.de/bild-plus/politik/inland/ politik-inland/leopoldina-professor-experten-fuer-corona-propagan da-eingespannt-75366018,view=conversionToLogin.bild.html (abgerufen am 18. Juni 2021).

68 So etwa Jörg Phil Friedrich: »Das Leopoldina-Desaster«, in: welt.de vom 11. Dezember 2020: https://www.welt.de/kultur/plus 222264910/Angela-Merkel-und-das-Leopoldina-Desaster.html (abgerufen am 18. Juni 2021). So aber auch Professor Michael Esfeld, Mitglied der Leopoldina, an deren Präsidenten, Professor Gerald Haug, am 8. Dezember 2020. Schreiben liegt dem Verfasser vor: »Diese Stellungnahme verletzt die Prinzipien wissenschaftlicher und ethischer Redlichkeit, auf denen eine Akademie wie die Leopoldina basiert. […] In einer solchen Situation wissenschaftlicher und ethischer Kontroverse sollte die Leopoldina ihre Autorität nicht dazu verwenden, einseitige Stellungnahmen zu verfassen, die vorgeben, eine bestimmte

politische Position wissenschaftlich zu untermauern. Ich möchte Sie daher höflichst bitten, die entsprechende Stellungnahme umgehend als Stellungnahme der Leopoldina zurückzuziehen.«

69 Leopoldina – Nationale Akademie der Wissenschaften: »Coronavirus Pandemie: Die Feiertage und den Jahreswechsel für einen harten Lockdown nutzen«. Ad-hoc-Empfehlung vom 7. Dezember 2020: https://www.leopoldina.org/uploads/tx_leopublication/2020_12_08_Stellungnahme_Corona_Feiertage_final.pdf (abgerufen am 18. Juni 2021).

70 Marc-Oliver Rehrmann: »Corona-Podcast: Auch Drosten für harten Weihnachts-Lockdown«, in: ndr.de vom 8. Dezember 2020: https://www.ndr.de/nachrichten/info/Corona-Podcast-Auch-Drosten-fuer-harten-Weihnachts-Lockdown,coronavirusupdate140.html (abgerufen am 18. Juni 2021).

71 Rede von Bundeskanzlerin Angela Merkel im Deutschen Bundestag am 9. Dezember 2020.

72 Filipp Piatov: »Söder schmeißt kritischen Professor aus dem Ethikrat«, in: bild.de vom 11. Februar 2021: https://www.bild.de/politik/inland/poli tik-inland/er-kritisierte-den-lockdown-soeder-schmeisst-kritischen-pro fessor-aus-ethikrat-75316816.bild.html (abgerufen am 18. Juni 2021).

73 »Kretschmer: Brauchen ›autoritäre Maßnahmen‹ zur Corona-Bekämpfung«, in: rnd.de vom 11. Dezember 2020: https://www.rnd.de/poli tik/corona-kretschmer-fordert-autoritare-massnahmen-nach-krankenhausbesuch-G6ZDE634ZFE4NK7AABDE7KDEQU.html (abgerufen am 18. Juni 2021).

74 Annegret Kramp-Karrenbauer auf einer Pressekonferenz am 19. März 2020 (Video), in: faz.net vom 19. März 2020: https://www.faz.net/aktuell/gesellschaft/gesundheit/coronavirus/akk-zur-corona-krise-wer-keine-ausgangssperre-will-muss-disziplin-wahren-16687219.html (abgerufen am 18. Juni 2021).

75 Zit. in: Alexander Kissler: »Die Folgen der Pandemie: Befehl und Gehorsam sind wieder da«, in: nzz.ch vom 12. November 2020: https://www.nzz.ch/meinung/befehl-und-gehorsam-sind-in-der-corona-krise-zurueckgekehrt-ld.1586610 (abgerufen am 18. Juni 2021).

76 »Söder erhält Bayerische Verfassungsmedaille«, in: zeit.de vom 6. Mai 2021: https://www.zeit.de/news/2021-05/06/soeder-erhaelt-bayeri sche-verfassungsmedaille (abgerufen am 18. Juni 2021).

77 So vermittelte das Land Niedersachsen, es bestehe eine Begrenzung der Gäste für Hochzeitsfeiern im Privaten – was jedoch nicht aus der damaligen Verordnung hervorging, wie das Oberverwaltungsgericht Lüneburg feststellte. Beschluss des OVG Lüneburg vom 29. Juli 2020, 13 MN 280/20.

78 Christina Kunkel: »Im Wirrwarr der Regeln«, in: sueddeutsche.de vom 12. April 2021: https://www.sueddeutsche.de/gesundheit/corona-lockdown-cosmo-studie-1.5262241 (abgerufen am 18. Juni 2021).

79 Kissler: »Die Folgen der Pandemie«, a. a. O.

5. Der gefährliche exekutive Unwillen

1 Beschluss des Verfassungsgerichtshofs des Saarlandes vom 28. April 2020, Lv 7/20.

2 »Meine Sorge ist, dass sich einige das letzte Stückchen Egoismus einklagen«. Regierender Bürgermeister Michael Müller auf einer Pressekonferenz am 20. Oktober 2020 (Video), in: welt.de vom 20. Oktober 2020: https://www.welt.de/politik/deutschland/video218217170/ Corona-Lage-in-Berlin-Meine-Sorge-ist-dass-sich-einige-das-letzte-Stueckchen-Egoismus-einklagen.html (abgerufen am 18. Juni 2021).

3 Zit. in:»Kein Grund, am 28. Dezember Pullover zu kaufen«, in: bild.de vom 8. Dezember 2020: https://www.bild.de/politik/inland/politik-inland/michael-mueller-kein-grund-am-28-dezember-pullover-zu-kaufen-74359502.bild.html (abgerufen am 18. Juni 2021).

4 »Spahn: Anspruch auf Party gibt es nicht«, in: zdf.de vom 26. April 2021: https://www.zdf.de/nachrichten/politik/corona-impfen-priori sierung-grundrechte-spahn-100.html (abgerufen am 18. Juni 2021).

5 Der SPD-Gesundheitsexperte Karl Lauterbach hatte bereits eine entsprechende Analogie der Corona-Maßnahmen bei der Bewältigung des Klimawandels in die öffentliche Diskussion gebracht. Da es niemals eine Impfung gegen CO_2 geben werde, »benötigen wir Maßnahmen zur Bewältigung des Klimawandels, die analog zu den Einschränkungen der persönlichen Freiheit in der Pandemie-Bekämpfung sind«. Zit. in: Simone Schamann:»Droht uns 2021 auch der Klima-Lockdown?«, in: nordkurier.de vom 27. Dezember 2020: https://www. nordkurier.de/politik-und-wirtschaft/droht-uns-2021-auch-der-klima-lockdown-2741875212.html (abgerufen am 18. Juni 2021).

6 Ein Beispiel von vielen: Matthew Karnitschig:»Germans being German about coronavirus«, in: politico.eu vom 29. April 2020: https:// www.politico.eu/article/germans-being-german-about-coronavirus/ (abgerufen am 18. Juni 2021).

7 Uwe Repschläger, Claudia Schulte und Nicole Osterkamp (Hg.): »Gesundheitswesen aktuell 2020«: https://www.barmer.de/blob/ 305552/e741c897438495e7109a642ecf25950c/data/dl-10-informa tionsdefizite-der-corona-krise.pdf (abgerufen am 18. Juni 2021).

8 Annika Joeres:»War die erste Welle doch schlimmer als angenommen?«, in: zeit.de vom 17. März 2021: https://www.zeit.de/2021/12/ corona-pandemie-erste-welle-deutschland-infektionszahlen-todesfael le-statistik (abgerufen am 18. Juni 2021).

9 Christian Endt, Nico Fried und Christoph Koopmann:»Die verflixte 50«, in: sueddeutsche.de vom 9. Mai 2020: https://www.sueddeut sche.de/politik/corona-grenzwert-landkreise-1.4901476 (abgerufen am 18. Juni 2021).

10 Markus Decker u. a.:»Ungelöste Probleme: Wo die deutsche Corona-Bekämpfung stockt«, in: rnd.de vom 19. Mai 2020: https://www. rnd.de/politik/krisen-management-wo-die-deutsche-corona-be

kampfung-stockt-IGOCZZTVDRGSBKIK4PFXYTH2CI.html (abgerufen am 18. Juni 2021).

11 Beschluss der Videoschaltkonferenz der Bundeskanzlerin mit den Regierungschefinnen und Regierungschefs der Länder am 16. November 2020: https://www.bundesregierung.de/resource/ blob/975226/1811822/2f8ada9b1086e5ee42436f005febf183/2020-11-16-beschluss-mpk-data.pdf?download=1 (abgerufen am 18. Juni 2021).

12 Beschluss des Oberverwaltungsgerichtes Nordrhein-Westfalen vom 6. Juli 2020, 13 B 940/20.NE.

13 Das RKI schreibt auf seiner Homepage dazu: »Bei den 7-Tage-Fallzahlen und -Inzidenzen für frühere Tage muss berücksichtigt werden, dass es sich um die jeweils an dem angegebenen Tag berichteten Werte handelt, die nicht durch an Folgetagen nachübermittelte Fälle aktualisiert werden (für den Berichtstag ›eingefrorene‹ Werte).« https://www.rki.de/DE/Content/InfAZ/N/Neuartiges_Coronavirus/Daten/Fallzahlen_Kum_Tab.html (abgerufen am 18. Juni 2021).

14 So lag in Hamburg der eingefrorene Wert zum Beispiel für den 15. April 2021 bei 126,5, mit den Nachmeldungen stieg dieser Wert dann anschließend auf 152,5. 26 Fälle pro 100 000 Einwohner fielen also heraus. Bei einer Einwohnerzahl von 1,841 Millionen wären das allein für den 15. April rechnerisch rund 479 nicht-berücksichtigte Infizierte. RKI-Datensatz vom 30. April 2021: https://www.rki.de/inzidenzen (abgerufen am 30. April 2021).

15 Holger Dambeck: »Das Inzidenzwunder von Wilhelmshaven«, in: spiegel.de vom 6. Mai 2021: https://www.spiegel.de/panorama/gesellschaft/corona-pandemie-daten-das-inzidenzwunder-von-wilhelmshaven-a-9141114a-5fbd-49a4-88a7-e4aee0755b38 (abgerufen am 18. Juni 2021).

16 Als Beispiel sei hier die entsprechende RKI -Seite vom 30. April 2021 genannt: https://web.archive.org/web/20210430211935/https://www.rki.de/DE/Content/InfAZ/N/Neuartiges_Coronavirus/Daten/Inzidenzen.html (abgerufen am 18. Juni 2021).

17 Antwort des Staatssekretärs Thomas Gebhart vom 13. April 2021 auf eine schriftliche Einzelfrage des Verfassers, Arbeitsnummer 4/29.

18 Zit. in: »Spahn gegen Sonderrechte für Geimpfte«, in: tagesschau.de vom 28. Dezember 2020: https://www.tagesschau.de/inland/privilegien-geimpfte-101.html (abgerufen am 18. Juni 2021).

19 Vgl. beispielsweise »Verfassungsrechtler warnt vor Einschränkungen«, in: zdf.de vom 30. Dezember 2020: https://www.zdf.de/nachrichten/politik/corona-impfungen-privilegien-100.html (abgerufen am 18. Juni 2021).

20 Antwort des Staatssekretärs Thomas Gebhart vom 16. März 2021 auf eine schriftliche Einzelfrage des Verfassers, Arbeitsnummer 3/126.

21 Martina Bay: »Geimpfte nicht mehr ansteckend: Was das für Grundrechte und Pfleger bedeutet«, in: focus.de vom 25. Februar 2021:

https://www.focus.de/politik/deutschland/biontech-studie-dfd_
id_13007552.html (abgerufen am 18. Juni 2021).

22 Beschluss der Videokonferenz der Bundeskanzlerin mit den Regierungschefinnen und Regierungschefs der Länder am 22. März 2021:
https://www.bundesregierung.de/resource/
blob/975226/1879672/2854753dbc7549432db7f0bba94e8c0f/2021-
03-22-mpk-data.pdf (abgerufen am 18. Juni 2021).

23 Gemäß Paragraph 2 des Gesetzes über Nachfolgeeinrichtungen des
Bundesgesundheitsamtes.

24 »Spahn: Über Geimpfte am 28. Mai entscheiden«, in: n-tv.de vom 26.
April 2021: https://www.n-tv.de/politik/Spahn-Uber-Geimpfte-am-
28-Mai-entscheiden-article22516126.html (abgerufen am 18. Juni
2021).

25 »Stresstest für Demokratie«, in: tagesschau.de vom 3. April 2021:
https://www.tagesschau.de/inland/harbarth-coronavirus-101.html
(abgerufen am 18. Juni 2021).

26 Bundestagsdrucksache 19/29257.

27 Beschluss der Videokonferenz der Bundeskanzlerin mit den Regierungschefinnen und Regierungschefs der Länder am 22. März 2021
(dieser Passus ist später gestrichen worden): https://www.bundesre
gierung.de/resource/blob/975226/1879672/2854753dbc7549432db
7f0bba94e8c0f/2021-03-22-mpk-data.pdf (abgerufen am 18. Juni
2021).

28 Matthias Bartsch u. a.: »Die Nacht, in der Deutschland scheiterte«, in:
spiegel.de vom 26. März 2021: https://www.spiegel.de/politik/
deutschland/angela-merkel-und-die-corona-osterruhe-die-nacht-in-
der-deutschland-scheiterte-a-212138c6-0002-0001-0000-
000176746224 (abgerufen am 18. Juni 2021).

29 Entwurf eines Vierten Gesetzes zum Schutz der Bevölkerung bei einer
epidemischen Lage von nationaler Tragweite. Formulierungshilfe der
Bundesregierung für die Fraktionen der CDU/CSU und SPD: https://
www.bundesgesundheitsministerium.de/fileadmin/Dateien/3_Down
loads/Gesetze_und_Verordnungen/GuV/B/4._BevSchG_Formulie
rungshilfe.pdf (abgerufen am 18. Juni 2021).

30 Beschluss des OVG Lüneburg vom 15. Februar 2021, 13 MN 44/21.

31 So Ralph Brinkhaus in einem Zwischenruf auf die Rede von Christian
Lindner im Deutschen Bundestag am 16. April 2021.

32 »Man muss nicht alle Länder an Bord haben«, in: tagesschau.de vom
12. April 2021: https://www.tagesschau.de/inland/innenpolitik/
coronavirus-notbremse-105.html (abgerufen am 18. Juni 2021).

33 »Zur Durchreise bei Ausgangssperren nach § 28b Infektionsschutzgesetz«. Kurzinformation der Wissenschaftlichen Dienste vom 21. April
2021: https://www.bundestag.de/resource/blob/836914/42d6cde
a892a380fbdc8e857d17eafa5/WD-9-049-21-pdf-data.pdf (abgerufen
am 18. Juni 2021).

34 Antwort des Staatssekretärs Stephan Mayer auf die schriftliche Einzelfrage des Verfassers vom 4. Mai 2021, Arbeitsnummer 4/302.

35 Jan Schmitt und Jochen Tassler: »Studie nur bedingt aussagekräftig«,
in: tagesschau.de vom 29. April 2021: https://www.tagesschau.de/
investigativ/monitor/ausgangssperren-103.html (abgerufen am 18.
Juni 2021).

36 Antwort des Staatssekretärs Thomas Gebhart auf die schriftliche Einzelfrage des Verfassers vom 7. Mai 2021, Arbeitsnummer 4/135.

37 Vgl. etwa die Pressemitteilung DIVI e. V. »›Worauf warten wir noch?‹ –
Intensivmediziner fordern sofortigen Lockdown in allen Bundesländern«, in: divi.de vom 11. Dezember 2020: https://www.divi.de/
presse/pressemeldungen/pm-worauf-warten-wir-noch-intensivmedi
ziner-fordern-sofortigen-lockdown-in-allen-bundeslaendern (abgerufen am 18. Juni 2021).

38 DIVI e. V. am 28. April 2021 auf Twitter: https://twitter.com/DIVI_eV/
status/1387309731472097280 (abgerufen am 18. Juni 2021).

39 »Trendwende dank ›Notbremse‹?«, in: tagesschau.de vom 5. Mai 2021:
https://www.tagesschau.de/inland/notbremse-infektionsgeschehen-
impfkampagne-101.html (abgerufen am 18. Juni 2021).

40 So etwa die Einschätzung von Christian Drosten. Zit. in: Lukas Wil-
helm: »Gutes Wetter wird Coronavirus nicht bremsen«, in: zdf.de vom
15. April 2021: https://www.zdf.de/nachrichten/panorama/corona-
wetter-effekte-mutante-100.html (abgerufen am 18. Juni 2021).

41 So die Einschätzung von Statistikern der Ludwigs-Maximilians-Univer-
sität München: »Bei den R-Werten wie sie vom Robert-Koch-Institut
täglich bestimmt werden, ergibt sich seit September kein unmittelba-
rer Zusammenhang mit den getroffenen Maßnahmen – weder mit dem
Lockdown-Light am 2. November und der Verschärfung im 16. Dezember 2020 noch mit der ›Bundesnotbremse‹, die Ende April 2021
beschlossen wurde.« CODAG Bericht Nr. 16 vom 28. Mai 2021:
https://www.covid19.statistik.uni-muenchen.de/pdfs/codag_bericht_
16.pdf (abgerufen am 18. Juni 2021).

42 André Anwar: »Eine Bilanz des schwedischen Sonderwegs in der Corona-Pandemie«, in: rnd.de vom 1. Juni 2021: https://www.rnd.de/poli
tik/corona-schwedens-sonderweg-in-der-pandemie-eine-bilanz-P5OU
J6FLFZFCFBARECIA5UAVUA.html (abgerufen am 18. Juni 2021).

43 Sandra Müller: »Wegen Notbremse: Tübingen muss Corona-Modell-
projekt wohl stoppen«, in swr.de vom 22. April 2021: https://www.
swr.de/swr2/wissen/wegen-notbremse-tuebingen-muss-corona-
modellprojekt-wohl-stoppen-100.html (abgerufen am 18. Juni 2021).

44 »Kubicki: Helgoland Beleg für ›Irrsinn‹ der Notbremse«, in: zeit.de vom
27. April 2021: https://www.zeit.de/news/2021-04/27/kubicki-
helgoland-beleg-fuer-irrsinn-der-notbremse (abgerufen am 18. Juni
2021).

45 »Warum die Corona-Inzidenzzahlen im Kreis Kaiserslautern problematisch sind«, in: swr.de vom 27. April 2021: https://www.swr.de/swrak

tuell/rheinland-pfalz/kaiserslautern/kaiserslautern-kreis-inzidenz
zahlen-amerikaner-100.html (abgerufen am 18. Juni 2021).

46 »Der heutige Tag ist ein Tiefpunkt in der föderalen Kultur der Bundesrepublik«, in: welt.de vom 22. April 2021: https://www.welt.de/poli
tik/deutschland/article230577299/Corona-Notbremse-Tiefpunkt-
in-der-foederalen-Kultur-der-Bundesrepublik.html (abgerufen am
18. Juni 2021).

6. Das Staatsversagen

1 Paul Ronzheimer und Julian Reichelt: »Mit diesem Spahn-Brief begann das Impfstoff-Desaster bei der EU«, in: bild.de vom 5. Januar
2021: https://www.bild.de/politik/inland/politik-inland/mit-diesem-
spahn-brief-begann-das-impfstoff-desaster-bei-der-eu-74734176.bild.
html (abgerufen am 18. Juni 2021).

2 »Ich fühlte mich verletzt und alleingelassen, als Frau und als Europäerin«, in: spiegel.de vom 26. April 2021: https://www.spiegel.de/aus
land/ursula-von-der-leyen-sieht-sich-wegen-sofagate-als-frau-diskri
miniert-a-331dac44-af98-47fe-8f3f-86de75ce522a (abgerufen am
18. Juni 2021).

3 Das folgt auch aus den EU-Verträgen. Die Gesundheitspolitik bleibt,
bis auf wenige Ausnahmen, Sache der Mitgliedsstaaten: Artikel 168
Absatz 7 des Vertrages über die Arbeitsweise der Europäischen Union.

4 Nicolaus Doll und Markus Heithecker: »Bürger machen Spahn und von
der Leyen für Impfmisere verantwortlich«, in: welt.de vom 27. März
2021: https://www.welt.de/politik/deutschland/article229277607/
Impfmisere-Deutsche-machen-Spahn-und-von-der-Leyen-verantwort
lich.html (abgerufen am 18. Juni 2021).

5 Die günstigeren Anschaffungskosten für die Impfstoffe müssen in Re-
lation mit den Kosten des Lockdowns gesetzt werden. Nach Schätzungen beliefen sich die Lockdown-Kosten in der EU auf 90 Milliarden
Euro. Frank Stocker: »Verzögerung beim Impfen kostet Europa 90 Milliarden Euro«, in: welt.de vom 4. Februar 2021: https://www.welt.de/
wirtschaft/article225684369/Allianz-Studie-Verzoegerung-beim-
Impfen-kostet-EU-90-Milliarden-Euro.html (abgerufen am 18. Juni
2021).

6 Zit. in: »ARD provoziert erneut mit Senioren-Satire«, in: n-tv.de vom
14. März 2020: https://www.n-tv.de/panorama/ARD-provoziert-er
neut-mit-Senioren-Satire-article21641264.html (abgerufen am 18.
Juni 2021).

7 »Fast jedes zweite Corona-Opfer starb im Altenheim«, in: n-tv.de vom
6. März 2021: https://www.n-tv.de/panorama/Fast-jedes-zweite-
Corona-Opfer-starb-im-Altenheim-article22407335.html (abgerufen
am 18. Juni 2021).

8 Tobias Lübben: »2 800 Tote und keiner will schuld sein«, in: hessen-
schau.de vom 1. Februar 2021: https://www.hessenschau.de/gesell

schaft/corona-in-altenheimen-2800-tote-und-keiner-will-schuld-sein, corona-altenheime-tote-100.html (abgerufen am 18. Juni 2021).

9 Beschluss der Telefonkonferenz der Bundeskanzlerin mit den Regierungschefinnen und Regierungschefs der Länder am 13. Dezember 2020: https://www.bundesregierung.de/resource/blob/997532/ 1827366/69441fb68435a7199b3d3a89bff2c0e6/2020-12-13-beschluss-mpk-data.pdf (abgerufen am 18. Juni 2021).

10 Sabine Menkens: »Mit dem ›Kostet nichts‹-Versprechen soll die Bundeswehr-Hilfe auf Touren kommen«, in: welt.de vom 27. Januar 2021: https://www.welt.de/politik/deutschland/article225163731/Pflege heime-Jetzt-soll-die-Bundeswehr-Amtshilfe-auf-Touren-kommen.html (abgerufen am 18. Juni 2021).

11 Susanne Gaschke: »Merkel muss uns nicht ständig zu Wohlverhalten ermahnen«, in: welt.de vom 20. Dezember 2020: https://www.welt. de/debatte/kommentare/article222901594/Kampf-gegen-Corona-Schluss-mit-der-Bevoelkerungsschelte.html (abgerufen am 18. Juni 2021).

12 Matthias Schrappe u. a.: »Die Pandemie durch SARS-CoV-2/CoViD-19.« Thesenpapier 7 vom 10. Januar 2021: http://www.matthias. schrappe.com/index_htm_files/Thesenpap7_210110_endfass.pdf (abgerufen am 18. Juni 2021).

13 Vgl. beispielsweise Laurence Thio und Raphael Jung: »Geimpft – und trotzdem isoliert«, in: tagesschau.de vom 25. April 2021: https:// www.tagesschau.de/inland/gesellschaft/seniorenheime-corona virus-impfung-101.html (abgerufen am 18. Juni 2021).

14 Friederike Böge: »In Quarantäne mit dem Peiniger«, in: faz.net vom 25. März 2020: https://www.faz.net/aktuell/gesellschaft/gesund heit/coronavirus/corona-in-quarantaene-nimmt-haeusliche-gewalt-in-china-deutlich-zu-16694738.html (abgerufen am 18. Juni 2021).

15 »Lüftung leicht gemacht«. Information der Max-Planck-Gesellschaft vom 30. Oktober 2021: https://www.mpg.de/15962809/corona-luef tung-aerosole-luft (abgerufen am 18. Juni 2021).

16 Matthis Jungblut: »Chronologie eines Schuljahrs in der Coronakrise«, in: deutschlandfunk.de vom 28. Dezember 2021: https://www. deutschlandfunk.de/rueckblick-2020-chronologie-eines-schuljahrs-in-der.680.de.html?dram:article_id=489919 (abgerufen am 18. Juni 2021).

17 Tim Röhn: »Können wir mal über die Vorteile des Präsenzunterrichts sprechen?« Interview mit der spanischen Bildungsministerin Isabel Celaá, in: welt.de vom 29. April 2021: https://www.welt.de/politik/ ausland/plus230741295/Offene-Schulen-in-Spanien-Koennen-wir-mal-ueber-Vorteile-des-Praesenzunterrichts-sprechen.html (abgerufen am 18. Juni 2021).

18 »War Deutschlands Umgang mit den Kindern wirklich alternativlos?«, in: welt.de vom 3. Juni 2021: https://www.welt.de/politik/ausland/ plus231563245/Europa-Ueberblick-War-Deutschlands-Um-

gang-mit-den-Kindern-wirklich-alternativlos.html (abgerufen am 18. Juni 2021).

19 Röhn: »Können wir mal über die Vorteile des Präsenzunterrichts sprechen?«, a. a. O.

20 Eine eindrucksvolle Schilderung dieses Umstandes lieferte Robin Alexander: »Machtverfall. Merkels Ende und das Drama der deutschen Politik: Ein Report«, 1. Auflage, München 2021, S. 243 ff.

21 »Evidenz- und Erfahrungsgewinn im weiteren Management der Covid-19-Pandemie berücksichtigen«. Positionspapier der Kassenärztlichen Bundesvereinigung von Professor Hendrik Streeck, Professor Jonas Schmidt-Chanasit und verschiedener Ärzteverbände vom 28. Oktober 2021: https://www.kbv.de/media/sp/KBV-Positionspapier_Wissenschaft_Aerzteschaft_COVID-19.pdf (abgerufen am 18. Juni 2021).

22 Alexander: »Machtverfall«, a. a. O., S. 316 f.

23 Cecilia Reible: »›Ein-Freund-Regel‹ sorgt für Aufregung«, in: mdr.de vom 20. November 2020: https://www.mdr.de/nachrichten/deutschland/politik/ein-freund-regel-corona-100.html (abgerufen am 18. Juni 2021).

24 »Lauterbach im Corona-Kreuzverhör«, in: *Bild*-Zeitung vom 4. Juni 2021, S. 2.

25 Isabel Wetzel: »Karl Lauterbachs ›Tragödien‹-Prognose: ›Viele Kinder verlieren ihre Eltern‹ durch Corona – Das steckt dahinter«, in: fnp.de vom 30. April 2021: https://www.fnp.de/hessen/corona-lauterbach-coronavirus-pandemie-news-intensivpatienten-juenger-eltern-kinder-covid-19-hessen-gesundheit-zr-90481386.html (abgerufen am 18. Juni 2021).

26 »›Sind Sie schrecklich naiv?‹ Attacke bei Lanz auf Streeck – der gesteht: ›War komplett überfordert‹«, in: merkur.de vom 29. März 2021: https://www.merkur.de/politik/zdf-markus-lanz-tv-talk-corona-mpk-hendrik-streeck-mai-thi-nguyen-90259343.html (abgerufen am 18. Juni 2021).

27 Kaveh Kooroshy: »Corona-Depressionen bei Kindern«, in: tagesschau.de vom 3. Juni 2021: https://www.tagesschau.de/inland/innenpolitik/kinder-corona-111.html (abgerufen am 18. Juni 2021).

28 Rebekka Dieckmann und Petra Boberg: »Gewalt gegen Kinder nimmt deutlich zu«, in: hessenschau.de vom 26. Mai 2021: https://www.hessenschau.de/gesellschaft/gewalt-gegen-kinder-nimmt-im-coronajahr-2020-deutlich-zu,statistik-gewalt-kinder-100.html (abgerufen am 18. Juni 2021).

29 »Merkel warnt vor Situation an Grundschulen«, in: n-tv.de vom 27. April 2021: https://www.n-tv.de/politik/Merkel-warnt-vor-Situation-an-Grundschulen-article22516857.html (abgerufen am 18. Juni 2021).

30 Andreas Rosenfelder: »Der Politik verrutschen sämtliche Maßstäbe«, in: welt.de vom 28. April 2021: https://www.welt.de/debatte/kommentare/plus230720047/Merkel-ueber-ungeimpfte-Kinder-Der-Politik-verrutschen-saemtliche-Massstaebe.html (abgerufen am 18. Juni 2021).

31 Lydia Rosenfelder: »Warum die Regierung jetzt alle Schüler impfen will«, in: bild.de vom 3. Juni 2021: https://www.bild.de/bild-plus/politik/inland/politik-inland/corona-kursschwenk-an-schulen-war um-die-regierung-schueler-impfen-will-76606318,view=conversion ToLogin.bild.html###wt_ref=https%3A%2F%2Fl.facebook.com%2F&wt_t=1622971442728 (abgerufen am 18. Juni 2021).

32 »Keine Empfehlung für alle gesunden Kinder zu erwarten«, in: rp-on-line.de vom 4. Juni 2021: https://rp-online.de/panorama/corona virus/stiko-vorsitzender-schliesst-generelle-impfempfehlung-fuer-kinder-praktisch-aus_aid-58916179 (abgerufen am 18. Juni 2021).

33 »Astrazeneca-Impfstoff in Deutschland nur für Menschen unter 65 Jahren«, in: aerztezeitung.de vom 28. Januar 2021: https://www.aerzteblatt.de/nachrichten/120637/Astrazeneca-Impfstoff-in-Deutschland-nur-fuer-Menschen-unter-65-Jahren (abgerufen am 18. Juni 2021).

34 Thomas Hommel: »Coronavakzine von AstraZeneca vorerst nur für über 60-Jährige«, in: aerztezeitung.de vom 31. März 2021: https://www.aerztezeitung.de/Politik/Coronavakzine-von-AstraZeneca-vor erst-nur-fuer-ueber-60-Jaehrige-418413.html (abgerufen am 18. Juni 2021).

35 Thomas Sabin: »Impfabstand soll kürzer werden – Experten warnen«, in: tagesspiegel.de vom 10. Mai 2021: https://www.tagesspiegel.de/wissen/spahn-will-akzeptanz-fuer-astrazeneca-erhoehen-impfab stand-soll-kuerzer-werden-experten-warnen/27166254.html (abgeru-fen am 18. Juni 2021).

36 Jürgen Dahlkamp und Konstantin von Hammerstein: »So will Jens Spahn unbrauchbare Masken für eine Milliarde Euro verschwinden lassen«, in: spiegel.de vom 4. Juni 2021: https://www.spiegel.de/poli tik/deutschland/corona-so-will-jens-spahn-schrottmasken-im-wert-von-einer-milliarde-euro-loswerden-a-22872107-0002-0001-0000-000177779146 (abgerufen am 18. Juni 2021).

7 Der Kampf geht weiter

1 Kanzleramtsminister Helge Braun im Deutschen Bundestag am 5. Mai 2021.

2 Antwort des Staatssekretärs Thomas Gebhart vom 2. Juni 2021 auf eine schriftliche Einzelfrage des Verfassers, Arbeitsnummer 5/310.

3 Wolfgang Hauskrecht: »Söder will die ›No-Covid‹-Strategie mit neuer Ampel für Bayern – doch der Widerstand ist zu groß«, in: merkur.de vom 18. Februar 2021: https://www.merkur.de/politik/markus-soe der-corona-ampel-bayern-no-covid-strategie-konzept-ueberblick-muenchen-90201317.html (abgerufen am 18. Juni 2021).

4 Antwort des Staatssekretärs Christian Lange vom 2. Juni 2021 auf eine schriftliche Einzelfrage des Verfassers, Arbeitsnummer 5/309. Sowie: Deutscher Ethikrat: »Besondere Regeln für Geimpfte?« Ad-hoc-Emp-

fehlung vom 4. Februar 2021: https://www.ethikrat.org/fileadmin/
Publikationen/Ad-hoc-Empfehlungen/deutsch/ad-hoc-empfeh
lung-besondere-regeln-fuer-geimpfte.pdf (abgerufen am 18. Juni
2021), hier: S. 5: »Mit dem Fortschreiten des Impfprogramms sollen
die allgemeinen staatlichen Freiheitsbeschränkungen für alle Bürgerinnen und Bürger schrittweise zurückgenommen werden.«

5 »Repräsentative Corona-Tests zur Eindämmung der Unsicherheit notwendig«. Medieninformation, in: ifw-kiel.de vom 18. März 2020:
https://www.ifw-kiel.de/de/publikationen/medieninformatio-
nen/2020/repraesentative-corona-tests-zur-eindaemmung-der-
unsicherheit-notwendig/ (abgerufen am 18. Juni 2021).

6 Thomas Brussig: »Mehr Diktatur wagen«, in: sueddeutsche.de vom 9.
Februar 2021: https://www.sueddeutsche.de/kultur/corona-
diktatur-thomas-brussig-1.5199495?reduced=true (abgerufen am
18. Juni 2021).

7 »Kretschmann über möglichen Pandemiefall – Staat sollte härter
durchgreifen dürfen«, in: focus.de vom 25. Juni 2021: https://www.
focus.de/politik/deutschland/unverhaeltnismaessige-massnah-
men-kretschmann-staat-sollte-im-pandemiefall-haerter-durchgrei-
fen-duerfen_id_13435019.html (abgerufen am 27. Juni 2021).